क़िस्सा क़िस्सा लखनउवा

लखनऊ के अवामी क़िस्से

हिमांशु बाजपेयी

क़िस्सा क़िस्सा लखनउवा

लखनऊ के अवामी क़िस्से

सार्थक
राजकमल प्रकाशन का उपक्रम

ISBN : 978-93-88753-81-4

मूल्य : ₹450

पहला संस्करण : फरवरी, 2019

स राजकमल प्रकाशन का उपक्रम
सार्थक

प्रकाशक
राजकमल प्रकाशन प्रा. लि.
1-बी, नेताजी सुभाष मार्ग, दरियागंज
नई दिल्ली-110 002

शाखाएँ
अशोक राजपथ, साइंस कॉलेज के सामने, पटना-800 006
पहली मंज़िल, दरबारी बिल्डिंग, महात्मा गाँधी मार्ग, इलाहाबाद-211 001
36 ए, शेक्सपियर सरणी, कोलकाता-700 017

वेबसाइट : www.rajkamalprakashan.com
ई-मेल : info@rajkamalprakashan.com

मुद्रक : यश प्रिंटोग्राफिक्स
नोएडा-201 302 (उत्तर प्रदेश)

QISSA QISSA LUCKNOWAA
Short stories by Himanshu Bajpai

अंकित चड्ढा
अंकित चड्ढा और
अंकित चड्ढा के नाम

क्रम

प्रस्तावना

मैं हिमांशु बाजपेयी का बड़ा पुराना चाहनेवाला और मद्दाह हूँ। वो जिस सतह पर भी काम करते हैं, और जो भी काम करते हैं, उसमें अपनी नेक-नीयती को और अपने ख़ुलूस को शामिल कर देते हैं। उन्होंने दास्तानगोई के सिलसिले में बड़ा काम किया है। इसके अलावा वो ख़ुद बहुत अच्छे स्कॉलर हैं। वो बहुत अच्छा बोलते हैं और अपनी बातचीत में नए गौहर घुला देते हैं। अब जो उनकी ये किताब *क़िस्सा-क़िस्सा लखनउवा* आ रही है, ये सिर्फ़ क़िस्से नहीं हैं बल्कि इन क़िस्सों में लखनऊ की वो तहज़ीब जो कभी थी, उसका इज़हार बड़ी दिल-नशीनी के साथ उन्होंने किया है, और पूरी दिलजमई के साथ इन क़िस्सों को जमा किया है। मुझे अन्दाज़ा है कि वो लखनऊ पर किस लगन से काम करते हैं। इस किताब में उन्होंने ख़ासतौर पर लखनऊ के अवाम को सामने रखा है। ये नवाबों के क़िस्से नहीं हैं बल्कि एक आम आदमी के, मेहनत करनेवाले आदमी के, मज़दूरी करनेवाले आदमी के क़िस्से हैं जिन्हें हिमांशु ने समाज के एक अहम फ़र्द के तौर पर पेश किया है। मुझे पूरा यक़ीन है कि उनकी ये किताब न सिर्फ़ मक़बूल होगी बल्कि इसके कई एडिशन भी

शाया होंगे। हिमांशु बाजपेयी हिन्दी और उर्दू के दरमियान एक पुल की तरह साबित होंगे और इन दोनों को क़रीब लाने में और इनको आपस में यक-जहत रखने में बड़ी मदद करेंगे।

हैदराबाद **—पद्मश्री मुज्तबा हुसैन**

जनवरी, 2019

क़िस्सागोई से पहले

क़िस्सा क़िस्सा लखनउवा आपके हाथों में है। ये क़िस्सागोई की किताब है। ये मेरे क़िस्से नहीं हैं, मेरे शहर के हैं। मैं फ़क़त क़िस्सागो हूँ। इन्हें सुनाने वाला। ज़बानी रिवायत में क़िस्सा सुनाने के अन्दाज़ को बड़ी अहमियत हासिल है। ये अन्दाज़ ही है जो पुराने क़िस्से को भी नई शान और दिलकशी अता करता है। क्योंकि ये अन्दाज़ हर सुनाने वाले का 'अपना' होता है। हो सकता है बहुत से लोगों ने ये क़िस्से पहले सुन रखे हों मगर मैं इन क़िस्सों को अपने अन्दाज़ में सुनाना चाहता था। अपने समय के लोगों को। ख़ासकर उन लोगों को, जिन्होंने ये क़िस्से पहले कभी नहीं सुने। ये उस लखनऊ के क़िस्से हैं जहाँ मैं पैदा हुआ, पला बढ़ा और रहता हूँ, और मैं इस लखनऊ को अपने अन्दाज़ में सबको दिखाना चाहता हूँ। क्योंकि ये मेरे लोगों के क़िस्से हैं। उन लोगों के, जिनके क़िस्से 'लखनवी' ब्रांड के क़िस्सों में अक्सर शामिल नहीं किए जाते। ये 'लखनवी' क़िस्से नहीं हैं, ये 'लखनउवा' क़िस्से हैं।

इस किताब में लखनऊ के नवाबी जलवों के क़िस्से नहीं हैं। इसमें लखनऊ के अवाम जलवानुमा हैं। नवाबों का ज़िक्र जिन

क़िस्सों में आया भी है उनमें भी मर्कज़ी किरदार या 'हीरो' नवाब नहीं बल्कि अवाम ही हैं। लखनऊ पर बहुत सी किताबें लिखी गई हैं, लिखी जा रही हैं। जिनमें नवाबी वैभव के क़िस्सों की भरमार है। इनकी अपनी अहमियत और जवाज़ है, लेकिन बनिस्बत इनके, लखनऊ के अवाम के क़िस्से कम सुनाए जाते हैं। क़िस्सा क़िस्सा लखनउवा में लखनऊ के अवाम के क़िस्सों को यकजा करने, उन्हें सुनाने और उनके माध्यम से लखनऊ के समाज और संस्कृति का एक चेहरा दिखाने की कोशिश की गई है। इस सन्दर्भ में इफ़्तेख़ार आरिफ़ साहब का एक शेर बार-बार याद आता है—वो जो आब-ए-ज़र से रकम हुई थी वो दास्तान भी मुस्तनद/वो जो ख़ून-ए-दिल से लिखा गया था वो हाशिया भी तो देखते। तो इस किताब में वही हाशिया है जिसे वक़्त ने आब-ए-ज़र से नहीं बल्कि ख़ून-ए-दिल से लिखा। ये क़िस्से लखनऊ की मशहूर तहज़ीब के 'जनपक्ष' को उभारते हैं। इनमें से कुछ लोक-कथाओं की तरह पुराने लखनऊ में रचे-बसे हैं। कुछ रिवायती क़िस्सों पर मैंने अपने तसव्वुर के रंग छिड़के हैं। कुछ लखनऊ पर लिखी गई अलग-अलग किताबों में मिल जाते हैं। कुछ को मैंने बुज़ुर्गों की सोहबत में रहकर सुना है तो कुछ ख़ुद पर गुज़रे हैं। ज़्यादातर क़िस्से सच्चे हैं। कुछ एक सच्चे नहीं भी हैं। क़िस्सों के लिए सच्चाई कोई शर्त है भी नहीं। सुनाया जाना शर्त है। सो ये क़िस्से सुनाए जा रहे हैं।

किताब में शामिल क़िस्से और शे'र मैंने अपनी स्मृति के आधार पर सुनाए हैं, मैं इनका ख़ालिक़ या मालिक नहीं हूँ, अतः इनके सूक्ष्म विवरण में ऊँच-नीच मुमकिन है जिसके लिए मैं पाठकों से पेशगी माज़रत चाहता हूँ। अगर पाठक इनकी निशानदेही करेंगे तो बड़ी मदद होगी और अगला संस्करण संशोधन के साथ प्रस्तुत किया जाएगा।

मैंने अपने आसपास बचपन से ऐसे लोगों को देखा है जो लखनऊ के क़िस्से अनोखी शान से सुनाते थे। गुज़रते सालों में ऐसे बहुत से लोगों को बूढ़ा होते और दुनिया से जाते देखा है। चंद ही लोग

अब रह गए हैं, आने वाले सालों में वो भी नहीं होंगे। हर बार किसी बुज़ुर्ग के जाने पर एक ख़याल आया है। इससे पहले कि ये सारे क़िस्सागो और उनके साथ ये सारे क़िस्से फ़ना हो जाएँ, मेरे जैसे नए लोगों को इन्हें सुनाना शुरू कर देना चाहिए। पूरी संजीदगी और प्रतिबद्धता के साथ। सुनाने वाले ज़िन्दा हैं तो क़िस्से भी रहेंगे। मैं इस मैदान में हूँ, क्योंकि ये मेरा अपना मैदान है। इसकी ज़िम्मेदारी है मुझ पर। मेरा यार अंकित चड्ढा कहता था—"एक न एक कहानी सबके पास होती है, और हम सबको ये कहानी ज़रूर सुनानी चाहिए। क्योंकि अगर हम ये कहानी नहीं सुनाएँगे तो हमारे वजूद का कोई हिस्सा है, जिसे हम जाने-अनजाने निश्चित तौर पर खो बैठेंगे।" 'क़िस्सा-क़िस्सा लखनउवा' लखनऊ के क़िस्से सुनाने की मेरी शुरुआती कोशिश है। लखनऊ में लखनऊ को मुझसे ज़्यादा, बहुत ज़्यादा जानने वाले लोग रहते हैं, मैंने तो इसे जानना बस शुरू किया है। सो इस पहली किताब में बहुत सी कमियाँ मुमकिन हैं। उम्मीद है कि वक़्त के साथ मैं बेहतर क़िस्सागो बन पाऊँगा। लखनऊ के क़िस्से सुनाना बहरहाल मेरा सबसे पसन्दीदा काम है। क्योंकि दिल को एक सुकून एक तस्कीन एक लुत्फ़-ए-ख़ास है इस काम में। कोई मुझसे पूछे कि मैं लखनऊ के क़िस्से क्यों सुनाता हूँ तो इस बात के मेरे पास हज़ार जवाब होंगे मगर उनमें सबसे पहला यही होगा कि लुत्फ़ आता है।

क़िस्से पुराने वक़्त और पुराने माहौल के लगते हैं, मगर मैं समझता हूँ कि आज के वक़्त और आज के माहौल में इन्हें सुनाए जाने की ज़रूरत सबसे ज़्यादा है।

कभी भूले से भी अब याद भी आती नहीं जिनकी
वही क़िस्से ज़माने को सुनाना चाहते हैं हम

—वाली आसी

क़िस्सागोई शुरू हो रही है। हाज़िरीन तवज्जो!

चौक, लखनऊ — **—हिमांशु बाजपेयी**
जनवरी, 2019

मैंने उस जान-ए-बहारां को बहुत याद किया
जब कोई फूल मेरी शाख़-ए-हुनर पर निकला

—अहमद फ़राज़

तुम्हारे बस की नहीं है!

इस क़िस्से के रावी हसन राशिद साहब हैं। पप्पू खाँ मलीहाबादी थे और बेशतर मलीहाबादियों की तरह रहते चौक में थे। आम के अलावा किसी और फल को फल ही नहीं मानते थे। जोश के सिवा कोई और शाइर उनके लिए शाइर नहीं था। सामने वाले को 'अंडर-एस्टीमेट' करना पप्पू खाँ का पैदाइशी हुनर था। इसे वो अपने मलीहाबादी होने की दलील मानते थे। फ़िल्म गैंग्स ऑफ़ वसेपुर का मशहूर-ए-ज़माना डायलॉग 'तुमसे न हो पाएगा' फ़िल्म से बहुत पहले मामूली अन्तर के साथ उम्र भर पप्पू खाँ का तकिया-कलाम रहा— 'तुम्हारे बस की नहीं है।' छोटे लड़कों के साथ ज़बरदस्ती क्रिकेट मैच में शामिल होना और फिर बल्लेबाज़ी करते हुए गेंद को इस नफ़ासत से मैदान के बाहर मारना कि वो सीधे नाली में जाकर गिरे, पप्पू खाँ की तमाम रंगबाज़ियों का एक रंग था। ग़रज़ के पप्पू खाँ पुराने लखनऊ के नए बाँके थे। बकैती के फ़न को अज़सरे नौ बुलंदियों तक ले जाने वाले। ये तो हुआ तआरुफ़, अब क़िस्सा सुनिए।

दीवाली का दिन था। बच्चे गली में पटाखे या मलीहाबादी अन्दाज़ में कहें तो पड़ाके छुड़ा रहे थे। बाज़ार में एक नई तरह का रॉकेट आया था। तीन टाँगों वाला। इसे छोड़ने के लिए बोतल की ज़रूरत नहीं थी। ये अपने तीन पैरों पर बिना किसी सहारे के खड़ा हो जाता था। आसमान में बहुत ऊपर जाकर ज़ोरदार आवाज़ के साथ फटता था। एक बच्चा कहीं से ये वाला रॉकेट ले

आया। गली में हुल्लड़ मच गया। हर बच्चा यही कह रहा था—हम छुड़ाएँगे, हम छुड़ाएँगे। मगर एक मसअला था। इस तीन टाँग वाले रॉकेट की एक टाँग फ्रैक्चर होकर झूल रही थी। शायद इसी वजह से इसके मालिक ने इसे फेंक दिया था और वहाँ से ये बच्चा उसे उठा लाया था। ये सोचकर कि गली में कोई न कोई जुगाड़ तो मिल ही जाएगा। जुगाड़ ढूँढ़ा जाने लगा। कोशिशें होने लगीं। इससे पहले के बच्चे रॉकेट को खड़ा कर पाने में कामयाब हो पाते पप्पू खाँ अपनी ट्रेडमार्क लुंगी पहने वहाँ प्रकट हो गए। बच्चों पर एक नज़र डाली और अपने ख़ास अन्दाज़ में अपना जाविदाँ डायलॉग अदा किया—''तुम्हारे बस की नहीं है।'' इसके बाद पप्पू खाँ ने बच्चों से रॉकेट छीन लिया और किसी जुगाड़ से उसकी झूलती हुई टाँग को सीधा किया और पलीते में आग लगाई। मगर हाय री क़िस्मत! रॉकेट ज्यों ही उड़ने को हुआ उसकी टूटी हुई टाँग फिर झूल गई और वो चला गया सीधा पप्पू खाँ की लुंगी में। अब रॉकेट की रंगबाज़ी से रंगबाज़ पप्पू खाँ चकरघिन्नी बने नाच रहे थे और बच्चे ताली बजा रहे थे। पप्पू खाँ की हालत ख़राब थी। रॉकेट फटा तो बकैती निकल जाएगी। बक़ौल हसन भाई पप्पू खाँ को तीस सेकंड की रॉकेट की उम्र हज़रते नूह की उम्र से लम्बी लग रही थी! राकेट था के ख़त्म ही नहीं हो रहा था! दिल यूँ काँप रहे थे जैसे ज्वालामुखी फटने वाला है। मगर पप्पू खाँ की क़िस्मत उतनी भी बुरी नहीं थी। रॉकेट फटने से पहले ही धुआँ हो गया और पप्पू खाँ की जान बची। बेचारे राहत की साँस लेते हुए बोले—''हमारे बस की नहीं है।''

देखियो बिन पान खाए, उन लबों की लालियाँ

लखनऊ पान के लिए मशहूर है। पान से जुड़ी एक दिलचस्प बहस ये भी है कि पान लगाए जाते हैं या बनाए जाते हैं। जहाँ एक तरफ़ अवाम में पान लगाने का मुहावरा ही ज़्यादा मकबूल है वहीं दूसरी ओर पान के गाढ़े शायक़ीन और पुराने लोग कहते हैं कि पान लगाए नहीं बनाए जाते हैं। इस बात को मज़बूती देने के लिए बरसों से एक क़िस्सा भी सुनाया जाता रहा है। क़िस्सा अपने आप में बहुत दिलचस्प है। हुआ यूँ के एक दफ़ा लखनऊ में एक दिलफेंक नवाब साहब को एक पनवाड़िन दिखाई दी। नवाब साहब उस पर फरेफ्ता हो गए और पास जाकर बोले—बी पनवाड़िन! दस पान लगाना। पनवाड़िन भी ख़ास लखनऊ की थी। उसने फ़ौरन अपने तेवर कड़े किए और अपने जूते की नोक पर हाथ रखकर बोली—कितने लगाऊँ? नवाब साहब बेचारे ये सुनकर सकपका गए और मुहावरा दुरुस्त करते हुए बोले—बी पनवाड़िन, मैं अर्ज़ कर रहा था के दस पान बनाना। इस क़िस्से से मुहावरों के पेचो-ख़म का तो पता चलता ही है साथ ही एक और बात अयाँ होती है। वो ये के ज़बान के मामले में लखनऊ के अवाम न सिर्फ़ बेहद एहतियात रखते थे बल्कि बाज़ दफ़ा तथाकथित ख़वास तक की इस्लाह कर देते थे। बल्कि इस्लाह सिर्फ़ ज़बान तक ही महदूद क्यों रहे, मैंने तो एक ऐसे पान वाले को देखा है, जिसने जाने-अनजाने इस मआशरे की इस्लाह की है। जी हाँ, उस शख़्स का नाम शिवनाथ था।

मौसूफ़ की ख़ास बात ये थी के वो आशूर यानी दस मोहर्रम के दिन कत्थे का पान नहीं बेचते थे। हरगिज़ नहीं। चाहे आप इसके लिए उन पर कारूँ का ख़ज़ाना वार दें या उनकी कनपटी पर गोली मार दें। आशूर के दिन जो भी उनकी दुकान पर पान लेने आता शिवनाथ उसे बग़ैर कत्थे का पान ही पेश करते। जानने वाले ख़ुशी-ख़ुशी कुबूल भी कर लेते। कोई कत्थे के लिए इसरार करता तो शिवनाथ अपनी शहद घुली ज़बान से फ़रमाते—अमाँ छोड़िए। ग़मी के दिन क्या होंठ लाल करना। अगर कोई उनके इस अन्दाज़ पर हैरत ज़ाहिर करता या उनकी तारीफ़ में क़सीदे पढ़ता तो शिवनाथ बेनियाज़ी और इन्केसार के साथ कहते—लखनऊ में पान वालों का यही आम क़ायदा था। देखा-देखी हमने भी सीख लिया। शिवनाथ ग़लत नहीं कहते थे। अगर आप पुराने लखनऊ के पुराने लोगों से बात करें तो उनकी बात की तस्दीक हो जाएगी। मगर आज ये क़ायदा आम नहीं इसलिए शिवनाथ की दस साल पुरानी बात भी सौ साल पुरानी लगती है। शिवनाथ का एक आम क़ायदा और था। वो बच्चों या कमसिन लड़कों को कभी पान-तम्बाकू नहीं बेचते थे। चाहे वो कितना भी इसरार करें। हमेशा थोड़ी सी सौंफ-इलाइची और बहुत सारी नसीहत देकर वापस भेज देते थे। शिवनाथ के इस अन्दाज़ की याद आज बेहद याद आती है। शिवनाथ को अगर सिर्फ़ अपनी दुकान ही चलानी होती तो वो ग़म-ए-हुसैन का एहतराम क्यों करते और बच्चों को तम्बाकू की जगह सौंफ-इलाइची क्यों थमा देते। उनके अपने तयशुदा ग्राहक थे। शिवनाथ उन्हीं के लिए पान बनाते। ख़ालिस लखनवी अन्दाज़ में। पूरे इन्हेमाक के साथ। धीरे-धीरे, दीन-दुनिया से बेख़बर होकर। जैसे कोई आशिक़ अपनी महबूबा की ज़ुल्फ़ सँवारता है। पान बनाते वक़्त उनका पूरा ध्यान सिर्फ़ पान और उस पान को बनवाने वाले पर रहता था। इसके अलावा न उन्हें कोई दिखाई देता था, न सुनाई देता था। शिवनाथ दूसरे ग्राहक की तरफ़ तभी मुतवज्जेह होते जब पहले वाला पान किसी दहन-ए-मुबारक में दाख़िल हो चुका होता।

***

शिवनाथ उस दौर के आने से पहले ही रुख़सत हो गए जब उनकी सबसे ज़्यादा ज़रूरत थी। पिछले कुछ सालों में लखनऊ में शादी-ब्याह की दावतों में शाही पान दरबार की धूम है। जिसमें नवाबों के सामन्ती लटके-झटकों की घटिया-

तरीन नकल के साथ पान पेश किए जाते हैं। अफ़सोस कि आज के लखनऊ में घटिया से घटिया चीज़ अपने माथे पर 'शाही' की चिप्पी लगाए बाज़ार में जलवानुमा है। शाही पान के शौक़ीनों को कौन समझाए कि लखनवी पान की असल लज़्ज़त शाहाना नहीं बल्कि फक़ीराना है, जिसे शिवनाथ जैसे बेशुमार दरवेश-सिफ़त पान वालों ने अपनी रूह से मुअत्तर किया है।

क़िस्सा रमई काका की सादादिली का

पढ़ीस की तरह ही रमई काका अवधी की अमर 'त्रयी' का हिस्सा हैं। जिसकी रचनात्मकता ने अवधी को एक नई साहित्यिक समृद्धि प्रदान की। अवधी की इस कद्दावर तिकड़ी के तीनों सदस्य बहुत लोकप्रिय रहे। आकाशवाणी लखनऊ के साथ लम्बे जुड़ाव के चलते रमई काका की लोकप्रियता सचमुच असाधारण रही। रेडियो नाटकों का उनका हस्ताक्षर चरित्र 'बहिरे बाबा' तो इस क़दर मशहूर रहा कि आज भी उत्तर भारत के पुराने लोगों में रमई काका का नाम भले ही सब न जानें लेकिन बहिरे बाबा सबको अब तक याद हैं। उत्तर प्रदेश के उन्नाव जिले के रावतपुर गाँव में 2 फरवरी, 1915 को जन्मे रमई काका कविता तो किशोरावस्था में ही लिखने लगे थे लेकिन उनकी प्रतिभा को सही मकाम 1941 में मिला जब उन्होंने आकाशवाणी के कर्मचारी के बतौर लखनऊ को अपना निवास-स्थान बनाया। नौकरी के लिए गाँव छोड़ने के बाद वे ज़िन्दगीभर लखनऊ में ही रहे लेकिन इसके बावजूद उनकी कविताओं में गाँव और कृषि प्रधान संस्कृति की मौजूदगी हमेशा बनी रही।

साठ के दशक का वाक़या है। आकाशवाणी के माध्यम से रमई काका के नाटक और कविताएँ घर-घर पहुँच चुकी थीं। रमई काका लोकप्रियता के उस शिखर पर थे जहाँ उनसे पहले कोई भी आधुनिक अवधी कवि नहीं पहुँचा था। उनकी देखा-देखी बहुत से अवधी कवि न सिर्फ़ कविताओं में उनकी नकल

करने लगे थे बल्कि उन्हीं की देखा-देखी नाम के आगे काका लगाने का फ़ैशन भी चल पड़ा था। इसी दौर में लखीमपुर खीरी के एक कवि थे जो काका के अन्दाज़ में लिखने की कोशिश करते थे और अपनी कविताएँ आकाशवाणी लखनऊ को भेजते थे। परन्तु बहुत कोशिशों के बाद भी उनकी कविताओं का रेडियो से प्रसारण सम्भव न हो पाया था। एक दिन उन्हें एक युक्ति सूझी। उन्होंने रमई काका की ही कुछ कविताएँ अपने नाम से आकाशवाणी में भेज दीं। रमई काका की कविताएँ उन दिनों बहुत लोकप्रिय थीं सो सम्बन्धित प्रोड्यूसर को शक हुआ कि ये कविताएँ उनकी नहीं बल्कि रमई काका की लग रही हैं। चूँकि काका आकाशवाणी में ही काम करते थे इसलिए संशय की पुष्टि होते भी देर न लगी। अब प्रेषक को आकाशवाणी बुलाया गया। उन्हें फ़ौरन ख़द्शा हुआ के चोरी पकड़ी गई। डर के मारे उनकी सिट्टी-पिट्टी गुम। इस क़दर घबराए कि बुखार चढ़ गया।

फिर काफ़ी दिन गुज़रने के बाद जब तबीयत ठीक हो गई तो आकाशवाणी पहुँचे। ये सोचकर कि शायद मामला ठंडा हो चुका हो। स्टेशन पहुँचकर उन्होंने केन्द्र निदेशक से घबराते हुए माफ़ी माँगी। केन्द्र निदेशक महोदय ने उन्हें डाँटते हुए माफ़ किया और कहा कि अब ऐसी भूल कभी नहीं होनी चाहिए। इसके तुरन्त बाद वो डरते-डरते रमई काका से मिलने पहुँचे। केन्द्र निदेशक से डाँट खा चुके थे इसलिए काका से मिलने में और घबरा रहे थे। मगर काका तो गाँव की मिट्टी के बने थे। इतने प्यार और आत्मीयता से मिले जैसे कुछ हुआ ही न हो। अपने जाने-पहचाने अन्दाज़ में मुस्कुराते हुए बोले—'प्रकाशित या प्रसारित कविताएँ कहीं भेजोगे तो हमेशा पकड़े जाओगे। अगर मेरी ही कविताएँ भेजनी थीं तो मुझसे कह देते मैं चुपके से तुमको नई लिखके दे देता। सात जनम में न पकड़े जाते। ये सुनते ही वो कवि महोदय भी मुस्कुराने लगे और उनके साथ काका भी। रमई काका ने बड़े खुलूस के साथ उन्हें चाय-नाश्ता करवा के रुख़सत किया...

काका 1977 में आकाशवाणी से रिटायर हो गए लेकिन रेडियो से उनका जुड़ाव बना रहा। 18 अप्रैल, 1982 को लखनऊ के बलरामपुर अस्पताल में उन्होंने आख़िरी साँस ली।

ज़िक्र 'पढ़ीस' का

अक्सर जब अवध की संस्कृति पर बात होती है तो उसका सौ फीसदी क्रेडिट लखनऊ ले उड़ता है। जबकि अवध की लोक-संस्कृति ख़ासकर इसकी सबसे पहली ज़बान अवधी को लेकर जैसी ज़िम्मेदारी लखनऊ को निभानी चाहिए उसका मामूली हिस्सा भी लखनऊ नहीं निभा पाता। लखनऊ अवध के विशाल सांस्कृतिक धरातल का एक छोटा सा हिस्सा है, फिर लखनऊ को पूरे अवध के तौर पर पेश करना अवधी संस्कृति के साथ अन्याय तो है ही, अज्ञान और बेईमानी भी है। इसमें पेच ये भी है कि लखनवी तहज़ीब का भी बहुचर्चित हिस्सा वो है जिसमें शासक वर्ग के सामन्ती लटकों-झटकों की भरमार है। इसके जन-पक्ष पर तो बहुत कम लिखा-पढ़ा गया। लखनऊ की इस सामन्ती संस्कृति को तो अवध की संस्कृति मानना बिलकुल झूठ है। सच कहा जाए तो ये पूरी तरह लखनऊ की तहज़ीब भी नहीं थी। लखनऊ के सम्बन्ध में इस इकहरे संस्कृति बोध ने अवधी संस्कृति को बहुत नुकसान पहुँचाया। इसी का नतीजा है कि लखनऊ जो अपने आपको अवधी गौरव का सरताज मानता है उसमें हिन्दी-उर्दू के मामूली शाइरों पर भी ख़ूब बात होती है लेकिन अवध की सबसे बड़ी भाषा अवधी के आधुनिक कवियों की बृहत्त्रयी (पढ़ीस, बंशीधर शुक्ल,रमई काका) 'लखनवाइट्स' की अदबी संजीदगी के दायरे से प्राय: बाहर ही रहती है।

इन कवियों की 'देहाती' ज़बान उनके लखनऊ की तथाकथित नवाबी नफ़ासत पर बट्टा जो लगाती है। यही वजह है कि सौ रुपए दाम वाली पढ़ीस-ग्रंथावली जो उत्तर प्रदेश हिन्दी संस्थान से बीस साल पहले ग्यारह सौ प्रति छपी थी वो आज तक पूरी नहीं बिक सकी। बंशीधर शुक्ल की रचनावली भी इसी हाल में है, और रमई काका की रचनावली तो आज तक छप ही नहीं सकी।

फिलहाल ज़िक्र बलभद्र प्रसाद दीक्षित 'पढ़ीस' का क्योंकि वो इसमें सबसे पहले और सबसे बड़े हैं। पढ़ीस वो कवि हैं जिनके बारे में डॉ. रामविलास शर्मा ने कहा है कि वो हिन्दी के पहले वर्ग-चेतस कवि हैं, जो अवधी के साहित्यकार थे, मगर अमृतलाल नागर को उर्दू पढ़ना-लिखना और सूर्यकांत त्रिपाठी 'निराला' को अंग्रेज़ी बोलना सिखाते थे। नागर जी ने जिनको मंज़रनिगारी में प्रेमचन्द से बढ़कर बताया था, निराला जिनको हिन्दी के अनेक बड़े कवियों से बड़ा मानते थे, जिनके निधन पर इसी लखनऊ से हिन्दी की सबसे प्रतिष्ठित पत्रिका 'माधुरी' का एक पूरा विशेषांक निकला था, जो कभी लखनऊ में हिन्दी के सबसे भरोसेमन्द ख़ादिम थे, मगर आज का लखनऊ जिन्हें लगभग फ़रामोश कर चुका है।

नागर जी से जुड़ा पढ़ीस का एक क़िस्सा है। तीस की दहाई का वाक़या है। नागर जी ने देखा कि अमीनाबाद पार्क के पास रात में आठ-साढ़े आठ बजे दो-तीन लोग बातें करते हुए जा रहे थे। इसमें से एक आदमी बुलन्द आवाज़ में बड़े इसरार के साथ बाक़ी आदमियों को साइकोलॉजी के पेच-ओ-ख़म समझा रहा था। नागर जी ने पहचान लिया कि ये पढ़ीस हैं। तब उन्हें इस बात पर बहुत हँसी आई कि गँवारू भाषा में कुछ कविताएँ लिखने के बाद ये महाशय भी ख़ुद को मनोवैज्ञानिक समझने लगे हैं। मगर इसके कुछ वक़्त बाद 1938 में जब नरोत्तम नागर के साथ पढ़ीस जी पहली बार नागर जी के यहाँ आए और दोनों के बीच पहली बार ठीक से बातचीत हुई तो बक़ौल अमृतलाल नागर—थोड़ी देर की बातचीत के बाद ही उन्हें लगा कि पढ़ीस उपनाम और उनका पहनावा देखकर जो उन्हें गँवार समझता है वो ख़ुद गँवार है, पढ़ीस जी को साइकोलॉजी पर बात करने का पूरा अधिकार है। निराला ने पढ़ीस की किताब चकल्लस की भूमिका में उनकी कविता का परिचय इस सूक्ति के साथ दिया है—'वयं शास्त्रान्वेषणे हताः। मधुकर, त्वं खलु कृती' अर्थात् हम तो शास्त्रों के अन्वेषण

में ही लगे रहे और मधुकर तुम कामयाब हो गए। ग़ौरतलब है कि ये वही निराला हैं कि जब एक बार 1938 में ऑल इंडिया रेडियो का लखनऊ केन्द्र स्थापित हुआ और वहाँ अपनी कविताएँ पढ़ने के लिए उन्हें बुलाया गया तो जैसा कि उनका मिज़ाज था और उन्होंने ठान रखा था कि वो रेडियो पर कभी नहीं जाएँगे क्योंकि वो ऑल इंडिया रेडियो में वो ऑल इंडिया रेडियो का बीबीसी युग यानी 'बुखारी ब्रदर्स कॉरपोरेशन' वाला दौर था।

रेडियो में विशुद्ध उर्दू पृष्ठभूमि के लोगों की भरमार थी जिनमें से बहुत सारे लोग हिन्दी लिखना-पढ़ना तो दूर रहा ठीक से हिन्दी बोलना भी नहीं जानते थे। तब रेडियो में शहज़ादे 'रामचन्दर' जलवा-अफ़रोज़ होते थे और राजा 'दुशियंत' 'परकट' होते थे। 'परदीप' से 'परकाश' मुंतशिर होता था। इस माहौल के चलते हिन्दी के साहित्यकार रेडियो से दूर रहना ही पसन्द करते थे, निराला सिर्फ़ पढ़ीस के कहने पर वहाँ अपनी कविताएँ पढ़ने को राज़ी हुए। निराला जी स्टेशन पर आए। उन्हें काव्य-पाठ करवाने की ज़िम्मेदारी अयाज़ साहब को मिली। निराला जी और अयाज़ साहब स्टूडियो में गए। बाहर ड्यूटी रूम में ड्यूटी ऑफिसर के अलावा स्टेशन डायरेक्टर मो. हसीब साहब ख़ुद बैठे थे। सब रेडियो पर निराला के ऐतिहासिक काव्यपाठ के साक्षी बनना चाहते थे। मगर निराला जी को स्टेशन तक लाने वाले पढ़ीस जी इस एहतमाम से दूर अपने काम में लगे हुए थे। आख़िर अयाज़ साहब की आवाज़ के साथ लाइव प्रसारण शुरू हुआ—अब आप हिन्दी में कविता-पाठ समाअत फ़रमाइए। कवी हैं—इसके बाद कुछ लड़खड़ाते हुए बोले—"सूरियाकान्ता तिरपाठा निराली" क़ायदे से इसके तुरन्त बाद निराला जी का काव्यपाठ सुनाई देना था पर उसकी जगह सुनाई दी कुछ 'हुच्च-हुच्च' की आवाज़ें। और फिर सन्नाटा हो गया। किसी को कुछ समझ नहीं आया। हसीब साहब चिल्लाए—वाट इज़ दिस। ड्यूटी ऑफिसर हड़बड़ाहट में स्टूडियो की तरफ़ भागा। उसने शीशे से झाँककर जो स्टूडियो के अन्दर देखा तो उसके पैरों तले ज़मीन खिसक गई। उसने किसी तरह फिलर बजवाया और भाग के वापस पहुँचा हसीब साहब के पास। बोला—अयाज़ साहब! अयाज़ साहब! हसीब घबराकर स्टूडियो की तरफ़ भागे। झाँककर देखा तो भीमकाय निराला जी ने अयाज़ साहब की गर्दन अपने बाएँ हाथ के तिकोन में दबोच रखी थी। अयाज़ डर के मारे छटपटा भी नहीं पा रहे थे। निराला जी ग़ुस्से में तमतमा रहे थे, आँखें लाल-लाल थीं मगर

जानते थे कि स्टूडियो में हैं इसलिए ख़ामोश थे। निराला जी के ग़ुस्से से सब वाक़िफ़ थे इसलिए किसी की हिम्मत नहीं पड़ रही थी कि अयाज़ साहब को रेस्क्यू करवाए। आख़िर पढ़ीस को बुलवाया गया और उन्होंने अनुनय-विनय करके अयाज़ साहब को मुक्त करवाया। अब निराला जी का ग़ुस्सा पढ़ीस पर निकला। अवधी में बोले—तुमसे कहा रहय कि हमका रेडियो-फेडियो ना लयि चलउ। मुलु तुम न मान्यौ। ऊ गदहा हमका तिरपाठा निराली कहिस। पढ़ीस जी ने हाथ जोड़कर उनसे माफ़ी माँगी। निराला जी आख़िर शान्त हुए। पढ़ीस से बोले—अब हमका हियाँ से लइ चलौ...और इसके बाद बिना कुछ कहे वहाँ से चले आए।

इस वाक़ये के बाद भी निराला ने पढ़ीस को अपना अज़ीज़ रखा बल्कि उनसे अंग्रेज़ी बोलना भी सीखते रहे। जी हाँ, अंग्रेज़ी बोलना। आपको जानकर हैरत होगी कि निराला जी की तरह नागर जी भी इस बात पर फ़ख्र करते थे कि उर्दू उन्होंने बलभद्र प्रसाद दीक्षित पढ़ीस से सीखी। पढ़ीस जी के भाषा सम्बन्धी ज्ञान पर नागर जी को इतनी हैरत होती कि कभी- कभी वो सोच में पड़ जाते कि अगर पढ़ीस जी जैसा आलिम अगर वाजिद अली शाह के अहद में पैदा हुए होते तो अनीस और दबीर की तरह पढ़ीस की ख़िदमत में भी दस नौकर हाथ बाँधे खड़े रहते, ख़ूबसूरत बाँदियाँ हर वक़्त जाम लिए हाज़िर रहतीं, क़ीमती कालीन पर मसनद की टेक लगाए पढ़ीस जी हुक्का गुड़गुड़ाते हुए अपना कलाम सुनाते, मगर फिर नागर जी को ये भी ख़याल आता कि उस ज़माने में गुलो-बुलबुल, शम्मा-परवाने और कंघी-चोटी की शाइरी हुआ करती थी, तब 'पढ़ीस' तख़ल्लुस वाले बलभद्र प्रसाद दीक्षित अगर शाही तवायफ़ या आसमानी हूर के जलवों का बयान करने के बजाय गाँव की एक दलित स्त्री का बयान अवधी भाषा में करते तो यक़ीनन वे लखनवी शाइरों की जमात में कभी न बैठ पाते। नागर जी का विश्वास था कि वाजिद अली शाह का ज़माना पढ़ीस की क़ीमत नहीं आँक सकता था, पढ़ीस का ज़माना भी उनकी क़ीमत नहीं आँक सका मगर आने वाले वक़्त में उनके उर्दू-उस्ताद को उनका हक़ ज़रूर मिलेगा। पढ़ीस की इल्मी लियाक़त तो ख़ैर एक तरफ़ उनके आमाल (कर्म) भी उनको एक सच्चा प्रगतिशील साबित करते हैं। अजीब बात है न मगर 1898 में सीतापुर के अम्बरपुर गाँव में जन्मा ये शख़्स पढ़ीस जिसकी तमाम उम्र कसमंडा राजपरिवार की छत्रच्छाया में गुज़री उसमें सामन्ती ठसक

ज़रा भी न थी। वो मूलत: एक किसान थे और उनका दिल खेती-किसानी में ही बसता था। यही वजह है कि पहले कसमंडा हाउस और बाद में आकाशवाणी लखनऊ की नौकरी छोड़ने के बाद वे अपने गाँव अम्बरपुर में आकर खेती करने लगे। ये उस दौर में एक दुर्लभ और क्रान्तिकारी चुनाव था। क्योंकि एक तो पढ़ीस जी की इल्मी सतह इतनी बुलन्द थी कि उनके जैसी लियाक़त वाला आदमी खेती करना पसन्द ही नहीं करता था, दूसरे पढ़ीस जैसा राजसी वैभव में रहा व्यक्ति खेती कर पाएगा इस पर भी बहुत लोगों को सन्देह था मगर तीसरी और सबसे महत्त्वपूर्ण बात इस सन्दर्भ में ये है कि उस ज़माने में तथाकथित उच्चवर्गीय कान्यकुब्ज ब्राह्मण एक घनघोर पोंगापंथी रूढ़ि से ग्रसित थे। तब उनकी मान्यता थी कि कान्यकुब्जों को हल की मुठिया नहीं पकड़नी चाहिए, ये काम 'दूसरों' के लिए बना है।

पढ़ीस जी सिर्फ़ साहित्य में ही प्रगतिशील नहीं थे, कर्म में भी प्रगतिशील थे। अपने अन्तिम दिनों में उन्होंने इस अन्धविश्वास की धज्जियाँ उड़ाते हुए खेती-किसानी का काम अपनाया। उनका मानना था कि अगर बाक़ी किसान हल जोतते हैं तो बिना किसी तफरीक़ के ब्राह्मणों को भी जोतना चाहिए। क्योंकि हर किसान अव्वल और आख़िर किसान है, वो इस बात को जोर देकर स्थापित करना चाहते थे कि एक कृषिप्रधान देश में हल जोतना गौरव का काम होना चाहिए। इससे कतराना मूर्खता भी है और षड्यंत्र भी। कबीरदास अपने आख़िरी वक़्त में काशी छोड़कर मगहर आ बसे थे, धार्मिक अन्धविश्वास को चुनौती देते हुए। पढ़ीस भी वही कर रहे थे। वो अपने गाँव के प्रतिष्ठित लोगों में थे। जब वो हल पकड़कर खेती में जुटे तो पहले-पहल बहुत विरोध हुआ लेकिन उनके इस क़दम ने बहुत से लोगों को प्रेरित भी किया। उनकी पहल और पक्के इरादे से प्रभावित होकर और भी लोग इस कुविश्वास को त्यागकर आगे आए। ये पढ़ीस के जीवन की ऐसी घटना है जिसका ठीक से मूल्यांकन अभी बाक़ी है...पढ़ीस ने सिर्फ़ दिखावे के लिए हल नहीं उठाया। इसे मज़बूती से थामकर खेत में जी-तोड़ मेहनत की अपने आसपास के समाज में एक इंक़लाब पैदा किया। मगर इंक़लाब का रंग तो अपने लहू से मिलकर ही गहरा होता है सो पढ़ीस ने भी वही किया। 27 जून, 1942 को खेत में जुताई करते हुए हल का फ़ाल उनके पैर में लग गया जिससे गहरा ज़ख़्म हो गया। पढ़ीस जी जब तक इस ज़ख़्म की गम्भीरता समझ पाते इसने सेप्टिक बनकर उनकी जान ले ली।

14 जुलाई, 1942 को बलरामपुर अस्पताल में पढ़ीस ने अन्तिम साँस ली। ये एक ऐसी घटना है जिसकी मिसाल साहित्य की दुनिया में बहुत कम मिलती है। अपने साहित्य में बराबर खेती-किसानी की बात करने वाला साहित्यकार खेती करते हुए ही अपनी मौत से मिला। डॉ. रामविलास शर्मा ने उनकी तुलना स्कॉटलैंड के महान किसान-कवि रॉबर्ट बनर्स से की है। उन्हें हिन्दी का पहला वर्ग-चेतस कवि कहा है। शिवमंगल सिंह सुमन ने पढ़ीस पर एक अमर कविता लिखी है जिसका एक बन्द है—मूक रुद्ध वाणी युग-युग की मुखर हो गई तुम में/ चकित देखने लगे ठगे कवि वाणी के विभ्रम में/ जनसमाज के बीच अंकुरित दिखा बीज अंकुरित दिखा बीज युग-कवि का/ बोल उठा कवि-हृदय खेत, खलिहान श्रमिक के श्रम में।

महफ़िल वीरान जहाँ भांड न बाशद

'भांड' आज एक ख़राब शब्द बन गया है, जो अक्सर रंगकर्मियों और अभिनेताओं को ज़लील करने के लिए इस्तेमाल होता है। मगर जो लोग लखनऊ के भांडों की तारीख़ जानते हैं वो इस बात से मुत्तफ़िक़ होंगे कि आज के दौर में भांडों की ज़रूरत सबसे ज़ियादा है। क्यों? क्योंकि ये वो दौर है जिसमें हुक़्क़ाम और हुकूमतों को तनक़ीद का एक हर्फ़ भी नाक़ाबिल-ए-बर्दाश्त है, उनसे सवाल पूछना कुफ्र है, उनसे डिफ़रेंस ऑफ़ ओपिनियन रखना गुनाह है, उनकी ग़लतकारियों को आईना दिखाना मना है, इज़हार की आज़ादी एक ग़ैर-ज़रूरी शय है, सरकार, देश और राष्ट्र...ये शब्द एक-दूसरे के पर्यायवाची बनकर एक-दूसरे में गड्ड-मड्ड हो गए हैं, इनको एक-दूसरे से अलग करके समझने की कोशिश करना बहुत दुश्वार होता जा रहा है...इस दौर में गुज़िश्ता लखनऊ के भांड शिद्दत से याद आते हैं। आज बेशतर लोग उन्हें नकल उतारने वाले और उलटी-सीधी हरकतें करके लोगों को हँसाने वाले लोग समझकर ख़ारिज कर देते हैं लेकिन असल में भांड एक दौर में सामाजिक राजनैतिक व्यंग्य यानी सोशियो-पॉलिटिकल सैटायर के सबसे ज़बरदस्त फ़नकार थे। वो एक तरह से उस दौर के स्टैंड-अप कॉमेडियन हुआ करते थे। जुर्रत-ए-इज़हार और सदा-ए-एहतेजाज के मामले में आज के कलाकार उन 'मामूली' लोगों से बहुत कुछ सीख सकते हैं। बादशाहों और नवाबों के रू-ब-रू उनकी ख़ामी नुमायाँ करने में, सर-ए-महफ़िल उनको आईना दिखाने में भांड अपना

सानी नहीं रखते थे। आज भले ही भांड शब्द गाली बन गया हो मगर एक ज़माने में लखनऊ में कहावत थी कि महफ़िल वीरान जहाँ भांड न बाशद। यानी भांडों को तब रौनक़-ए-महफ़िल समझा जाता था।

लखनऊ में भांडों के अनगिनत क़िस्से मशहूर हैं। कहते हैं (बल्कि सुनते हैं) कि एक बार लखनऊ में किसी रईस के यहाँ कोई जलसा था। भांड भी तशरीफ़ लाए और अपने फ़न का ज़बरदस्त मुज़ाहिरा किया। बदले में रईस ने भांडों को एक दुशाला इनायत किया। ये दुशाला देखने में बहुत पुराना लग रहा था। एक भांड ने उसे अपने हाथ में लिया और बहुत ग़ौर से देखने लगा। दूसरे भांड ने उससे पूछा—अमाँ क्या देख रहे हो, इतने ध्यान से? पहले ने जवाब दिया—इसपे कुछ लिखा दिख रहा है, वही पढ़ने की कोशिश कर रहा हूँ। दूसरे ने पूछा—अच्छा? क्या लिखा है? इस पर पहले ने आँखें बड़ी करके अटक- अटक के पढ़ा—लाइलाहाइल्लल्लाह! दूसरे भांड ने हैरान होकर पूछा—पूरा पढ़ो। मुहम्मदुररसूलल्लाह भी तो लिखा होगा? इस पर पहले वाले ने जवाब दिया—नहीं, वो कैसे लिखा हो सकता है, ये दुशाला तो अल्लाह के रसूल से बहुत पहले का है न। सुनते ही लोग हँस पड़े और भांडों को नया दुशाला दिया गया। भांडों की हाज़िरजवाबी और बात से बात निकालने का ये आलम था कि बस ख़ुदा की पनाह। साथ ही उनकी ख़ुद्दारी का ये मर्तबा था के कई कमबख़्त फ़ाकों से मर गए मगर किसी कमज़र्फ़ से ख़ैरात नहीं ली। मगर यही भांड जब किसी क़द्रशनास और फ़न-नवाज़ आदमी के इर्द-गिर्द होते थे तो अपनी आरज़ू का इज़हार निहायत ख़ुश-अख़लाक़ी से करते थे। माँगने का फ़न कोई इनसे सीखे। लखनऊ के भांड अव्वल तो हर किसी से माँगते नहीं थे और अगर माँगते भी थे तो इस अदा से कि सामने वाला अपनी जान भी इन पर निछावर कर दे।

बादशाह ग़ाजीउद्दीन हैदर के ज़माने में अच्छे जानी भांड ने एक दफ़ा अपने साथी कलाकारों के साथ मिलकर एक ज़बरदस्त प्रस्तुति दी। इसके बाद डिनर की तैयारी हुई। शहर के तमाम उमरा-शुरफ़ा के साथ अच्छे जानी भी डायनिंग टेबल पर बैठे। परोसने वाले ने अच्छे जानी को सब कुछ तो इनायत फ़रमाया मगर मुर्ग़ परोसना भूल गया, ये भी मुमकिन है कि उसने जानबूझकर अच्छे जानी को न परोसा हो, क्योंकि मुर्ग़ा एक बड़े से डोंगे में अच्छे जानी की तश्तरी

के एकदम बगल में रखा था। अच्छे जानी को प्लेट में मुर्ग़ न होना तहज़ीब और ज़ायक़ा दोनों ज़ावियों से खटक रहा था। मगर थे तो वो लखनवी ही, ख़ुद कैसे लेते और क्योंकर लेते। बहरहाल मुर्ग़ न मिलने पर बेचैन बहुत हुए। फिर यकायक वो नर्मी के साथ हँसने लगे। इस पर साथ बैठे लोगों ने पूछा कि मियाँ अच्छे जानी क्या हुआ जो आपको यक-ब-यक हँसी आई। हम भी तो जानें। इस पर अच्छे जानी ने अपने ख़ास अन्दाज़ में फ़रमाया—हँसी ये देख के आई कि अभी चन्द घंटे पहले ये मुर्ग़ दुआरे से आँगन में, आँगन से कमरों में, कमरों से मुँडेर पर, मुँडेर से अलगनी पर दौड़ता फिर रहा था, मगर अब इस बेचारे की ये ताब नहीं कि एक हाथ की दूरी नाप ले यानी डोंगे से मेरी प्लेट तक आ सके। सुनने वाले अच्छे जानी की सुख़नसाज़ी पर फ़िदा हो गए और माज़रत के साथ उन्हें फ़ौरन मुर्ग़ परोसा गया।

इसी शहर में एक क़ायम अली कश्मीरी उर्फ़ क़ायम भांड था। लखनऊ के सबसे मशहूर भांडों में से एक। इतिहासकार रोशन तक़ी के मुताबिक क़ायम महमूद नगर में रहता था और उन्नीसवीं सदी के आख़िर तक ज़िन्दा रहा। उसके तमाम क़िस्सों में एक क़िस्सा बहुत मशहूर हुआ। उस ज़माने में अली नक़ी खाँ सल्तनत-ए-अवध के शाही वज़ीर थे। लखनऊ में उनका बड़ा दबदबा और रुआब था। अली नक़ी खाँ की एक बेहद ख़ूबसूरत मगर बेहद तुनक-मिज़ाज बेगम थीं जिन पर वो दिलो-जान से फरेफ़्ता थे, और जिनकी जानलेवा अदाओं पर वो बहुत इतराते थे। बेगम के आसपास का हर आदमी उनकी तलवार-ए-सितम से क़त्ल होते बचता था मगर वज़ीर के डर से इस सिलसिले में मामूली खुसुर-फुसुर भी नहीं करता था क्योंकि वो अपनी बेगम के ख़िलाफ़ एक लफ़्ज़ भी नहीं सुन सकते थे। एक दिन कोई सार्वजनिक आयोजन था जिसमें अली नक़ी खाँ को भी शिरक़त करनी थी। क़ायम भांड ने इसमें एक सबील लगाई। वज़ीर साहब जब अपनी बेगम के साथ उधर से गुज़रे तो क़ायम ने ख़ास लखनवी अन्दाज़ की लच्छेदार उर्दू बोलते हुए उनसे पानी पीने की इल्तेजा की। इस पर वज़ीर साहब बहुत ख़ुश हुए, एक गिलास पानी पिया और कुछ इनआम अता किया। बदले में क़ायम भांड ने ख़ुश होकर उन्हें जो दुआ दी उससे साबित हुआ कि लखनऊ के भांड अच्छे अच्छों को पानी पिला देते हैं। क़ायम ने आली वक़ार अली नक़ी खाँ को दुआ देते हुए कहा—ख़ुदा आपको दायम (हमेशा, स्थायी) रखे और बेगम साहिबा को क़ायम रखे!

अली नक़ी खाँ को इस फ़िकरे का मतलब फ़ौरन समझ में आ गया मगर वो कुछ नहीं बोले और अपनी बेगम के साथ चुपचाप वहाँ से रुख़सत हो गए। क़ायम भांड की सिर्फ़ शोख़नवाई ही मशहूर न थी बल्कि उसने कथकाचार्य ठाकुर प्रसाद जी से बाक़ायदा कथक भी सीखा था। कहते हैं कि जाने आलम वाजिद अली शाह के ज़माने में ऐशबाग़ अपने मेलों के लिए मशहूर था। ये मेले इसलिए भी मकबूल हुए कि लखनऊ के भांड यहाँ जमा होकर अपने बेहतरीन फ़न का मुज़ाहिरा करते थे। इन मेलों में क़ायम भांड की धाक जमी थी। सावन के मेले में, जो कि ऐशबाग़ के तमाम मेलों में सबसे ज़्यादा दिलकश-ओ-रंगीन होता था उसमें तो क़ायम कई मर्तबा अपने कमाल के उरूज पर नज़र आता।

एक बार इसी मेले में उसने महज़ अपने चेहरे के मुसलसल बदलते हाव-भाव से अवाम को तीन घंटे तक दीवाना बनाए रखा। ये कुछ-कुछ माइम जैसी पेशकश थी। इस पेशकश ने उसे मकबूलियत की नई बुलंदियाँ अता कीं। इसके बाद जान-ए-आलम ने क़ायम भांड के फ़न को नवाज़ते हुए उसे एक ऐसा इनाम दिया जिसकी निशानियाँ आज भी लखनऊ में बाक़ी हैं। वाजिद अली शाह ने क़ायम की कला से ख़ुश होकर ऐशबाग़ के नज़दीक एक छोटे से इलाक़े का मालिक-ओ-मुख़्तार क़ायम भांड को बना दिया। सिर्फ़ इतना ही नहीं, नवाज़िश देखिए कि इस इलाक़े का नाम भी क़ायम भांड के नाम पर 'क़ायमखेड़ा' रख दिया गया, जो आज तक क़ायम है। सोचिए ज़रा! आज के मआशरे में जिनका नाम बायस-ए-रुसवाई है, कभी उनके नाम पर इलाक़ों का नाम रखा जाता था। हालाँकि गर्दिश-ए-अय्याम से किसे फ़राग़त है, हर बुलंदी के बाद पस्ती है, हर उरूज के बाद ज़वाल है। नवाबी उजड़ने और लखनऊ के तबाह होने के बाद क़ायम की शोहरत भी दरहम-बरहम होने लगी। ग़दर के बाद अंग्रेज़ों ने लखनऊ का जो भीषण दमन किया, उसके सबब क़ायम के पुराने सरपरस्त या तो नहीं रहे या किसी लायक़ नहीं रहे। नए लोगों में अंग्रेज़ों के डर के सबब क़ायम का राजनैतिक व्यंग्य सुनने की हिम्मत नहीं थी। उधर क़ायम की हिम्मत देखिए कि एक महफ़िल में, जिसमें के कुछ अंग्रेज़ अफ़सर भी मौजूद थे उसने अंग्रेज़ों की सितमज़रीफ़ी पर खुलेआम कोई गहरा तंज़ कर दिया था, जिससे नाराज़ होकर हुकूमत ने जान-ए-आलम का अता किया क़ायमखेड़ा कायम भांड से छीन लिया था। इससे क़ायम की प्रतिष्ठा और आर्थिक स्थिति को तो धक्का लगा ही साथ ही अंग्रेज़ों के डर से उसे काम और

दर्शक मिलना भी बन्द हो गया। क़ायम कश्मीरी भांडों के ख़ानदान से था। भड़ैती उसका पुश्तैनी पेशा था। न तो उसे कोई और काम आता था, न ही किसी और काम में उसका मन लगता। रफ्ता-रफ्ता क़ायम के हालात इतने ख़राब हो गए कि उसे कई-कई रोज़ फ़ाकों में गुज़ारे। मगर उसकी ख़ुद्दारी और अना में कोई कमी नहीं आई। क़ायमखेड़ा छिन गया था, भड़ैती का काम बन्द हो गया था, दूसरा काम उसे आता नहीं था, इसके बावजूद उसने भीख माँगना या बिना काम किए ख़ैरात लेना कबूल नहीं किया।

आख़िरकार वो क़ायम भांड जो कभी रौनक़-ए-महफ़िल समझा जाता था, शाह-ओ-अमीर जिस पर अशर्फियाँ लुटाते थे, तनहाई के आलम में भुखमरी...जी हाँ, भुखमरी से मरा। क़ायम के बाद भी ऐसा नहीं है कि भांडों ने अपने मिज़ाज और फ़न को आगे नहीं बढ़ाया। लखनवी भांडों का आख़िरी दौर गुज़रे अभी ज़्यादा वक़्त नहीं हुआ। 1980 के आसपास इतिहासकार रौशन तक़ी भांडों पर अपनी किताब के लिए रिसर्च कर रहे थे। उन्होंने जहाँगीर भांड को जो उस वक़्त तक ज़िन्दा था, नक्खास के एक चाय के होटल पर मिलने बुलाया, जहाँ कुछ मिठाइयाँ वग़ैरह भी बिकती थीं। बातें होने लगीं। अब ज़रा जहाँगीर के अन्दाज़ पे ग़ौर फ़रमाइए। वो चाय पीना चाहता है तो रौशन साहब से पूछता है—हुज़ूर चाय पीजिए, मज़ा आ जाएगा...मँगवाऊँ? उन्होंने जवाब दिया—हाँ, चाय आ गई। इसके बाद वो बोला—हुज़ूर केक बिलकुल ताज़े लग रहे हैं, अभी आपके लिए मँगवाता हूँ। केक भी आ गए। फिर कुछ देर होटल पे काम करने वाले एक लड़के को बुलाकर बोला—अमाँ देखो, साहब इतनी दूर से आए हैं, गुलाबजामुन लेके आओ इनके लिए गरमा-गरम। इसी तरह थोड़ी-थोड़ी देर पर लस्सी, समोसा, शरबत, जलेबी, बिस्कुट...ग़रज़ के जाने क्या-क्या उस मेज़ पर रौशन साहब के हिसाब में उन्हीं के लिए मँगवाया जाता रहा मगर उनकी लज़्ज़त जहाँगीर को मिलती रही।

बिन्दादीन महाराज बनाम उस्ताद पखावजी

ये क़िस्सा है लखनऊ के कथक घराने के सिरमौर दुर्गा प्रसाद जी का। जो कि अवध के दरबारी नर्तक थे। दरबार की तरफ़ से उन्हें अपने लिए तो पेंशन मिलती ही थी अपने बच्चों के भरण-पोषण के लिए भी पेंशन मिलती थी। ये जान-ए-आलम का दौर था। इसी वक़्त में एक उस्ताद पखावजी भी दरबार से मुन्सलिक थे। जिनको दुर्गा प्रसाद से बहुत ईर्ष्या थी, क्योंकि पखावज के बेहतरीन कलाकार होने के बावजूद वो शाही पेंशन से महरूम थे। एक दिन पखावजी ने खुले अल्फ़ाज़ में जान-ए-आलम से अपने मन की बात कह दी। फ़ैसला ये हुआ कि पखावजी और दुर्गा प्रसाद के बीच एक मुक़ाबला होगा। अगर पखावजी जीत गए तो दुर्गा प्रसाद को मिलने वाली पेंशन उन्हें मिलने लगेगी और अगर दुर्गा प्रसाद जीते तो पखावजी को उनके पैर छूने पड़ेंगे। पखावजी ईर्ष्यालु थे मगर थे अपने फ़न के महारथी। फ़ौरन तैयार हो गए।

उधर दुर्गा प्रसाद को जब ये बात पता चली वो घबराए। उन्होंने सोचा कि अब उनके नृत्य में वो बात नहीं रही जो नौजवानी में हुआ करती थी। कहीं ऐसा न हो कि वो हार जाएँ और इसके साथ ही उनके बच्चों के लालन-पालन के लिए जो रकम दरबार से मिलती है वो बन्द हो जाए। अगर ऐसा हुआ तो लखनऊ का कथक घराना उनके बाद ख़त्म हो जाएगा। हारने के बाद वैसे भी उनका दरबार में रहना मुश्किल होगा। दुर्गा प्रसाद सोच-विचार में डूबे थे कि उनके

साहबज़ादे बिन्दादीन उनके पास आए। उनकी उम्र उस वक़्त महज़ सात साल की थी मगर वो पिछले कई सालों से कथक की कठोरतम साधना में लगे थे और एक विलक्षण प्रतिभा के बतौर लखनऊ में मशहूर भी हो चुके थे। अपने पिता की चिन्ता को जानकर बिन्दादीन ने उनसे आग्रह किया कि पखावजी के ख़िलाफ़ मुक़ाबले में आपकी जगह मैं उतरना चाहता हूँ। दुर्गा प्रसाद जी ने शायद ये सोचकर उन्हें अनुमति दे दी कि ये प्रतिभाशाली बच्चा है, एक उस्ताद पखावजी से मुक़ाबला करते हुए अगर हार भी गया तब भी वाहवाही इसी को मिलेगी, बहुत मुमकिन है कि इसका हौसलाअफ़ज़ाई के लिए बादशाह पेंशन बन्द करने की शर्त मुल्तवी कर दें, और अगर ये पखावजी से जीत गया जो कि इसकी प्रतिभा और साधना को देखते हुए कोई असम्भव बात नहीं है, तब तो लखनऊ में उनका घराना अगली कई सदियों तक याद रखा जाएगा। हुआ भी ऐसा ही। दुर्गा प्रसाद ने बादशाह से इजाज़त लेकर अपने बेटे बिन्दादीन को मुक़ाबले में उतारा। बादशाह ने बड़ी दिलचस्पी के साथ ख़याल किया कि चलो आज इस बच्चे के जौहर भी देख लिए जाएँ। कई घंटों तक मुक़ाबला एकदम काँटे का रहा। मगर अन्त में बिन्दादीन महाराज ने अपनी गति को इस क़दर बढ़ाया कि वो ज़मीन से कुछ इंच ऊपर नाचते प्रतीत हुए। पखावजी उस्ताद ने कई घंटों तक डट के मुक़ाबला किया मगर अन्त में बिन्दादीन की रफ़्तार को सर नहीं कर सके और हड़बड़ी में अपनी ताल खो बैठे। बिन्दादीन महाराज ने अपने घराने की आबरू रखी और मुक़ाबला जीत लिया।

हर तरफ़ से उन्हें दाद–ओ–तहसीन मिली। दुर्गा प्रसाद ने बादशाह से कहा कि हार–जीत अपनी जगह मगर पखावजी को उनके पैर छूने से माफ़ रखा जाए। बादशाह ने मंजूरी दी। पखावजी आदाब करते हुए वहाँ से रुख़सत हुए और उसके बाद कई रोज़ तक दरबार में नहीं आए।

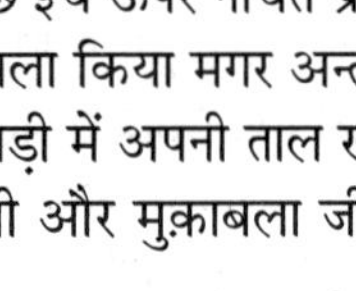

जान बची और लाखों पाए

क़िस्सा मशहूर तबलानवाज़ अहमद जान थिरकवा साहब का है, जिनका घर नक्ख़ास में बदहाल पड़ा है। अंग्रेज़ों के ज़माने में एक नवाब साहब ने अपने दरबार में मशहूर गायिका जद्दनबाई की महफ़िल रखी। तबले पर संगत के लिए थिरकवा साहब को मदऊ किया। ये नवाब साहब थे तो कला प्रेमी पर ज़रा सनकी क़िस्म के थे। सनक का ये आलम था कि अगर किसी फ़नकार पर ख़ुश हो गए तो जागीरें लुटा दें और रंग बिगड़ गए तो भरी महफ़िल में रुसवा कर दें। थिरकवा साहब ने इनके बारे में सुन रखा था। सो बड़ी एहतियात के साथ नवाब साहब के यहाँ गए। महफ़िल से पहले जब जद्दनबाई उन्हें मिलीं तो उन्होंने पूछा—कहिए बाई, आज क्या सुना रही हैं?

जद्दनबाई ने जवाब दिया—वो चीज़ सुना रही हूँ कि नवाब साहब मतवाले हो जाएँगे। थिरकवा साहब ने इश्तेयाक़ के साथ पूछा—कौन सी बंदिश? जद्दनबाई ने फ़रमाया—पापी नवाब! तूने जुलम किए...नइहर मोरा छुड़ाय दियो रे...सुनते ही थिरकवा साहब के हवास फ़ाख़्ता हो गए। जद्दनबाई से बोले—क्यों ज़लील होना चाहती हैं? जद्दनबाई की समझ में ही नहीं आया कि हुआ क्या। उन्होंने बड़ी लगन से ख़ास नवाब साहब के लिए ये बंदिश तैयार की थी। बेचारी ने घबराते हुए थिरकवा साहब से पूछा कि माजरा क्या है? तब थिरकवा साहब ने उन्हें नवाब की सनक के बारे में बताया और कहा कि पापी नवाब

तूने जुलम किए...को नवाब साहब ख़ुद पर चोट समझ लेंगे और उसके बाद हम दोनों का अल्लाह ही मालिक है। जद्दनबाई ने मौक़े की नज़ाकत भाँपते हुए पूछा कि अब क्या किया जाए? थिरकवा साहब बोले कि कुछ और गा दीजिए।

जद्दनबाई बोलीं—नवाब साहब की महफ़िल के लिए मैं पिछले कई रोज़ से इसी बंदिश का रियाज़ कर रही थी। और कोई चीज़ छुई ही नहीं। गाने को तो कुछ भी गा दूँ। मगर तैयारी के साथ गाने में और बिना तैयारी के गाने में जो फ़र्क़ होता है उसे समझने वाले फ़ौरन समझ लेते हैं...और अगर नवाब साहब को गाना न पसन्द आया तो ख़ुदा जाने क्या हो। अब थिरकवा साहब सोच में पड़ गए। चन्द लम्हों बाद उन्होंने जद्दनबाई से कहा—आप बंदिश उसी तरह गाएँ जैसे आपने रियाज़ किया था, बस उसके चन्द अल्फ़ाज़ बदल दें। पापी नवाब को मोरे अच्छे नवाब में तब्दील कर दें, तूने जुलम किए की जगह कहें तोरी उमर बढ़े। जद्दनबाई को ये तदबीर पसन्द आई। महफ़िल में जैसे ही उन्होंने गाना शुरू किया—मोरे अच्छे नवाब तोरी उमर बढ़े, नइहर मोरा छुड़ाय दियो रे...नवाब साहब सुनते ही लहकने लगे गोया के बंदिश में उन्हीं की तारीफ़ हो रही हो। जद्दनबाई और थिरकवा साहब एक-दूसरे की तरफ़ देखकर मुस्कुराए और आँखों ही आँखों में एक-दूसरे से बोले कि तरक़ीब काम कर गई...और फिर तरक़ीब के काम कर जाने की मस्ती में मस्त होकर दोनों फ़नकारों ने अपने फ़न का वो मुज़ाहिरा किया कि नवाब साहब ही नहीं वहाँ मौजूद सभी लोग मतवाले हो गए। महफ़िल के इख़्तेताम पर नवाब ने जद्दनबाई और थिरकवा साहब दोनों की बहुत तारीफ़ की और इनाम-ओ-इक़राम से नवाज़कर वहाँ से रुख़सत किया। वापसी में जद्दनबाई ने मुस्कुराते हुए थिरकवा साहब से कहा—बचा लिया आपने। जवाब में थिरकवा साहब ने भी अपनी पुरख़ुलूस मुस्कुराहट के साथ सिर्फ़ इतना कहा—आदाब।

सुनता नहीं हूँ बात मुकर्रर कहे बग़ैर

लखनऊ वालों की फ़िक़राकशी मशहूर है। एक दफ़ा एक साहब जो कि भारी-भरकम बदन के मालिक थे, दिल्ली से लखनऊ आए। चारबाग़ स्टेशन पर उन्होंने एक रिक्शे वाले से अपनी मंज़िल-ए-मक़सूद तक पहुँचाने को कहा। रिक्शेवाले ने उन्हें आम किराए से दोगुना किराया बताया। इस पर उन साहब ने कहा कि इतने पैसे तो नहीं पड़ते। ये तो लगभग दोगुने हैं। इस पर रिक्शेवाला ने ख़ुलूस के साथ फ़रमाया—जी, मगर हुजूर को दो बार में ले भी तो जाना पड़ेगा।

अब्दुल हलीम शरर ने अपनी मशहूर किताब गुज़िश्ता लखनऊ में कहा है कि एक ज़माने में फब्ती कसने और जुमलेबाज़ी को लखनऊ के मआशरे में फ़न यानी आर्ट माना जाता था। इस फ़न के बड़े-बड़े फ़नकार लखनऊ में थे। मिसाल के तौर पर एक साहब एक मोची के पास गए और उन्होंने मोची से अपनी जूती सिलवाई। इसके बाद उन्होंने मोची से पूछा कि इसका दोख़्ता क्या हुआ। दोख़्ता से उनकी मुराद थी सिलाई। मगर मोची को ये लगा किशायद वो साहब उसका मज़ाक़ उड़ा रहे हैं, सो वो उन पर बिगड़कर खड़ा हो गया। इन साहब ने भी जवाब में अपनी टोपी दुरुस्त की, अपनी अचकन के बटन ठीक किए, अपनी छड़ी को एक ख़ास अदा से घुमाया और मोची से कहा—बिस्मिल्लाह! आप हमला फ़रमाएँ, मैं दिफ़ाअ करूँगा।

यहीं एक साहब थे उनका नाम था—बाबू चिकवे। उनकी गोश्त की दुकान थी। बाबू भाई अपनी गुफ़्तगू और फिक़रों के लिए जाने जाते थे। अपनी दुकान पर आने वाले ख़रीदारों से वो इस तरह बात करते थे—देखो भई, बेगम साहिबा आई हैं इनका कीमा बनाओ। नवाब साहब आए हैं इनके गुरदे निकालो। यही उनका अन्दाज़ था और कोई इसका बुरा नहीं मानता था बल्कि लोग इससे लुत्फंदोज़ होते थे। कोई उनसे पीने के लिए पानी माँगता तो कहते—मैंने अच्छे-अच्छों को पानी पिला दिया, आप क्या हैं। लखनऊ का एक क़िस्सा ये भी है कि एक साहब बम्बई से लखनऊ आए। जूतियाँ खरीदने की गरज से वे नज़ीराबाद जा पहुँचे। किसी दुकान पर एक जोड़ी पसन्द आई। लेकिन दुकान की हालत देखकर और ख़ुद से मुख़ातिब नौकर के हालात देखकर उन्हें लगा कि जूतियों की पैकिंग शायद वहाँ ठीक तरह से न हो पाए। लिहाज़ा उन्होंने नौकर से कहा—सुनो, इसको बराबर से पैक करना। इस पर दुकान के मुलाज़िम ने कहा—शहज़ादे, आप बेफ़िक्र रहिए। अभी तो बेटी बाप के घर है, अगर आप तक बेसलीका पहुँचे तब कहिएगा।

अभी दस-पन्द्रह साल पहले तक पुराने लखनऊ में वज़ीरू का होटल था। जो लखनऊ की बैठकबाज़ी का एक प्रमुख केन्द्र था। वज़ीरू साहब की गुफ़्तगू उनकी चाय से ज़्यादा मशहूर थी। दूर-दूर से लोग चले आते थे उनकी चाय पीने नहीं, उनकी गुफ़्तगू सुनने। वो थोड़ा ऊँचा सुनते थे। एक ग्राहक ने एक बार उनसे कुछ कहा जो वो सुन नहीं पाए। ग्राहक इस बात पर ज़रा बेचैन हुआ। अब वज़ीरू उसके पास गए और ग़ालिब के शेर में उसे बताया—बहरा हूँ तो चाहिए दूना हो इल्तेफ़ात, सुनता नहीं हूँ बात मुकर्रर कहे बग़ैर...सारी महफ़िल वाह-वाह कर उठी और वज़ीरू ने फ़रमाया कि अब ज़रा कोई इन्हें ग़ालिब के इस शेर का मतलब भी समझा दे!

रहेगा देर तक मातम हमारा

यूँ तो बात सही है कि लखनऊ में बहुत कुछ बदल गया। बहुत कुछ ग़ायब हो गया। वो नवाबीन ग़ायब हो गए, वो लिबास नहीं रहा, वो माहौल नहीं रहा, वो रिवायात नहीं रहीं, वो रस्में नहीं रहीं मगर ये क्या कम है कि आज भी लखनऊ की मिसाल आप लखनऊ से ही देते हैं। यही कहते हैं कि आज का लखनऊ वो लखनऊ नहीं है। इसका मतलब है कि वाकई इस शहर में कुछ बात तो है। तभी ये अपनी मिसाल आप है, आज भी। यहाँ एक मीर नवाब हुआ करते थे। नवाब बराए नाम थे। हालात बेहद ख़राब थे। फ़ाकों में बसर होती थी। मगर भूखे होते थे तो भीख नहीं माँगते थे। जा के किसी दरवाज़े पर दस्तक देते थे, और ये नहीं कहते थे कि भूखा हूँ, खाना खिला दो...कहते थे—क्या पका है? ये थी ज़बान की एहतियात...और इस पर भी अगर उनकी पसन्द का खाना नहीं पका है तो नहीं रुकते थे। या ऐसा हुआ कि दरवाज़े पे दस्तक दी और पूछा क्या पका है?

जवाब में साहिबे खाना ने कहा कि दाल पकी है। तो इन्होंने कहा कि वो तो नहीं खाऊँगा और चले गए...थोड़ी देर बाद मीर नवाब फिर तशरीफ लाए। फिर दरवाज़े पर दस्तक दी। अन्दर से आवाज़ आई—कहिए। मीर नवाब बोले—अब ले आइए दाल, मैं कबाब ले आया हूँ। ये थी शाइस्तगी। यही मीर नवाब मैले-कुचैले घूम रहे थे। मगर थे बहुत ख़ूबसूरत। रंग साफ़ था।

किसी ने इनके हाथ का गोरापन देखकर कहा—अरे मीर नवाब! इतना साफ़-साफ़ हाथ। इसे ढंग से क्यों नहीं धोते। मीर नवाब फ़ौरन बोले—जी हाँ, धो लेता, मगर मुझसे अपनी ख़ूबसूरती बरदाश्त नहीं हुई।

सुख़न मुश्ताक़ है आलम हमारा
बहुत आलम करेगा ग़म हमारा
पढ़ेंगे शेर रो रो लोग बैठे
रहेगा देर तक मातम हमारा

—मीर तक़ी मीर

देख तुझमें धीरे-धीरे मर रहा है लखनऊ

पुराने लोग कहते हैं कि वो लखनऊ अब नहीं रहा। वाली आसी साहब का शेर भी है—मुझसे सुब्हो शाम शिकवा कर रहा है लखनऊ, देख तुझमें धीरे-धीरे मर रहा है लखनऊ। मगर मरने के बाद भी अभी बहुत कुछ बाक़ी है। यहाँ कहावत भी है—हाथी लट जाए तब भी सवा लाख का होता है। ये क्या कम है कि आज भी लखनऊ की मिसाल आप लखनऊ ही से देते हैं। यही कहते हैं कि आज का लखनऊ वो लखनऊ नहीं है। इसका मतलब है कि वाकई इस शहर में कुछ बात तो है। तभी ये अपनी मिसाल आप है, आज भी।

लखनऊ की घरेलू ख़वातीन आज भी लखनऊ की ख़ास ज़बान बोलती हैं। इन औरतों का इतना ज़बरदस्त योगदान है लखनऊ की ज़बान को बनाने, बचाने और उरूज तक पहुँचाने में जिसे नज़रअन्दाज़ नहीं किया जा सकता। क़िस्सा मशहूर है कि जब मुहज़्ज़ब लखनवी साहब अपनी मशहूर लुग़त मुहज़्ज़बुल लुग़ात तैयार कर रहे थे तो ऐसे बहुत से लफ़्ज़ थे जिनका सही रूप, सही मानी और सही अदायगी पता करने के लिए उन्होंने शीशमहल की घरेलू महिलाओं की मदद ली। यहाँ की औरतों का अपना मख़सूस लहज़ा है। यहाँ सास-बहू की नोक-झोंक भी यूँ होती है—सास बहू को ताना देती तो बहू जवाब में कहती—अगर आप मुझे इतना परेशान करेंगी तो सच कहती हूँ मैं, ख़ुश्का खा के शबनम में सो रहूँगी। ये है लखनवी नज़ाकत। ख़ुश्का खा के शबनम में सो

रहना। लखनऊ की घरेलू औरतें जिनमें से बहुत सी पढ़ी-लिखी भी नहीं हैं, आज भी लखनऊ के हज़ारों मुहावरों और कहावतों का एनसाइक्लोपीडिया हैं। गालियाँ भी उनकी अजब-ग़ज़ब हैं—चल बेपेंदी के लोटे, यासीनगंज के जोगड़े, शीशमहल के बतखे।

एक दफ़ा किसी घर में बाहर से कोई मेहमान आया। इत्तेफ़ाक़ से उस वक़्त घर में कोई मर्द नहीं था। घर की मालकिन ने नौकरों को आवाज़ दी के साहब को मेहमानख़ाने में बैठाओ। मगर वहाँ कोई था ही नहीं तो सुनता कौन। जब बार-बार आवाज़ देने पर भी कोई नौकर नहीं आया तो बेगम साहिबा ने झुँझलाकर कहा—न जाने सब नमक-फ़रामोश कहाँ ग़ायब हो गए। सुनते ही वो मेहमान चौंक गया, बोला—मैंने लखनऊ हासिल कर लिया। मैंने दुनिया में 'नमक-हराम' तो बहुत सुना था लेकिन इतनी एहतियात कि नमक-हराम के बजाय नमक-फ़रामोश कहा, क्योंकि हराम कहना भी शरीफ़ों के लिए हराम है, ये सिर्फ़ लखनऊ में ही मुमकिन है...और मेहमाननवाज़ी का तो ये आलम कि लखनऊ के घरों में आज भी ऐसे दस्तरख़्वान मिल जाते हैं जिन पर लिखा होता है—

शुक्र कर मेहमान का ये अपने दिल में जानकर,
खा रहा है अपना खाना तेरे दस्तरख़्वान पर

—नामालूम

कस्त्रे आली पाए जन्नत में 'अमीर'

लखनऊ में उस्ताद थे अमीर मीनाई। दिल्ली में थे मिर्ज़ा दाग़ देहलवी। दोनों अपने ज़माने की मुस्तनद अदबी शख़्सियत। शाइरी में एक दूसरे से ऐसा मुक़ाबला था कि सिर्फ़ इन्हीं को नहीं पूरी उर्दू दुनिया को इस बात का इन्तज़ार रहता था कि बाज़ी कौन ले जाएगा। मगर जो बात सचमुच लिखने लायक़ है वो है प्रतिद्वंद्विता के बावजूद इनका आपसी रब्त-ज़ब्त। अमीर मीनाई और दाग़ से बढ़कर रवादारी शायद ही किन्हीं दो हरीफ़ों में देखने को मिले। दोनों में प्रतिद्वंद्विता और होड़ तो ज़बरदस्त थी मगर कड़वाहट ज़रा भी नहीं थी, बल्कि एहतराम था, ख़ुलूस था।

लखनऊ और दिल्ली के शाइरों के बीच उन दिनों ऐसा होना ग़ैर-मामूली था। दोनों में मुस्तक़िल ख़तो-किताबत रहती थी। दाग़ को जब हैदराबाद दरबार में मुलाज़मत मिली तो उन्होंने फ़ौरन अमीर मीनाई को ख़त लिखकर इसकी इत्तेला दी और अपने लिए दुआ करने को कहा। जब दाग़ के इस मतले ने धूम मचाई कि—बुताने माहवश उजड़ी हुई मंज़िल में रहते हैं/ये जिसकी जान लेते हैं उसी के दिल में रहते हैं। तो अमीर मीनाई के शागिर्दों ने ज़ोर डाला कि उस्ताद इसी ज़मीन में आप भी ग़ज़ल कहिए। लेकिन अमीर ने साफ़ इनकार कर दिया, बोले—इस ज़मीन का हक़ दाग़ ने अदा कर दिया, अब मेरे लिए कुछ बाक़ी नहीं। रियाज़ ख़ैराबादी जो शराब पर कहे गए अपने शेरों के लिए मशहूर हैं यूँ

तो अमीर मीनाई के शागिर्द थे लेकिन अपने उस्ताद ही की तरह दाग़ को पूरा सम्मान देते थे। उस्ताद से मिलने हैदराबाद पहुँचे तो दाग़ से भी मुलाक़ात की। ये भी उन दिनों के चलन के लिहाज़ से एक अनोखी बात ही थी। क्योंकि उस दौर में तो अगर उस्ताद आपस में प्रतिद्वंद्विता रखते थे तो उनके शागिर्द तो एक-दूसरे की जान के दुशमन बन जाते थे। रियाज़ जब दाग़ से मिले तो उनके बहुत इसरार पर संकोच के साथ अपनी एक ग़ज़ल सुनाई जिसका मतला था—चैन मर कर तहे ज़मीं भी नहीं/अब ठिकाना मेरा कहीं भी नहीं। दाग़ को ग़ज़ल बहुत पसन्द आई। रियाज़ को ख़ूब दाद मिली। इसके कुछ रोज़ बाद जब रियाज़ दोबारा दाग़ से मिलने आए तब भी दाग़ ने उस ग़ज़ल की बहुत तारीफ़ की और कहा कि मैंने भी तुम्हारी ज़मीन में ग़ज़ल कही है मगर वो बात नहीं है, लो सुनो। इसके बाद रियाज़ को अपनी ग़ज़ल सुनाई। रियाज़ को ग़ज़ल बहुत अच्छी लगी मगर दाग़ ने फ़रमाया कि दम नहीं है और वो काग़ज़ रियाज़ के सामने फाड़ दिया। रियाज़ इस ख़ुलूस और बड़प्पन पर निसार हो गए। अपने सबसे मशहूर प्रतिद्वंद्वी के शागिर्द की ऐसी हौसलाअफ़ज़ाई वाह।

एक दफ़ा यही रियाज़ ख़ैराबादी किसी बात पर दाग़ से नाराज़ हो गए थे तो अमीर मीनाई इन्हें ख़ुद अपने साथ दाग़ के पास ले गए थे और दाग़ से माफ़ी माँगने को कहा था, इतना ही नहीं ख़ुद भी दाग़ के सामने अपने शागिर्द की ग़लती पर बहुत अफ़सोस और शर्मिंदगी ज़ाहिर की थी। अमीर मीनाई की मौत पर दाग़ ने ही उनकी तारीख़ कही थी, जिसका आख़िरी शेर ये था—

है दुआ 'दाग़' की,तारीख़ भी
कस्रे आली पाए जन्नत में 'अमीर'

—दाग़ देहलवी

लखनवी अन्दाज़-ए-गुफ़्तगू के क्या कहने!

जो क़िस्सा मैंने अपने बुज़ुर्गों से सुना आप मुझसे सुनिए। कहा जाता है कि लखनऊ के नवाब देर शाम भेस बदलकर अपने वज़ीर के साथ रियाया का हाल जानने शहर में निकलते थे। एक दफ़ा जब वो हस्बे मामूल भेस बदलकर शहर में चहल-क़दमी कर रहे थे तो उनके कानों में किसी सिन्फ़-ए-नाज़ुक की आवाज़ पड़ी—वो जा रहा है, वो जा रहा है। नवाब साहब चौंककर ठहरे ही थे कि दूसरी आवाज़ आई—वो न होगा फिर। और इसके तुरन्त बाद तीसरी आवाज़ में जवाब आया—बेशक! वो होता तो वो न जाता। नवाब साहब को ये गुफ़्तगू कुछ समझ न आई। उन्हें ये पोशीदा गुफ़्तगू अपनी शान में गुस्ताख़ी मालूम हुई। सो अगले दिन उन तीनों लड़कियों को दरबार में तलब किया गया। शाही फ़रमान था, ठुकराया कैसे जाता। लड़कियाँ हाज़िर हुईं। नवाब साहब ने इरशाद फ़रमाया कि कल रात तुम तीनों आपस में जो दबी-छुपी गुफ़्तगू कर रही थीं उसकी तशरीह करो। अब लड़कियाँ अजीब कशमकश में पड़ गईं। हम अपने घर की चहारदीवारी में जो बात कर रहे हैं उसे बाहर वालों पर क्यों ज़ाहिर करें। नवाब पर ग़ुस्सा आया तो एक बोली—हमें तो ये वो लगता है। दूसरी ने जवाब दिया—जो वो होता तो क्या वो न होते। इस पर तीसरी बोल पड़ी—ऐसे भी तो होते हैं जिनके वो नहीं होते...और ये पूरी गुफ़्तगू सरे दरबार नवाब साहब के सामने हो रही थी। अब तो उनके सब्र का बाँध टूट ही गया। सोचा कि कल इसी अजीबो-ग़रीब गुफ़्तगू की वजह से

इन्हें यहाँ तलब किया गया, मगर ये गुस्ताख़ लड़कियाँ हैं कि दरबार-ए-शाही का ज़रा भी लिहाज़ नहीं। नवाब साहब ने पूरे जाहो-जलाल के साथ फ़रमाया—या तो इस पोशीदा गुफ़्तगू की तशरीह की जाए या फिर सज़ा भुगतने को तैयार रहा जाए।

नवाब के ग़ुस्से को देख लड़कियाँ डर गईं। आख़िर उनमें से एक ने जवाब दिया—हुज़ूर हम पर रहम करें। आपकी शान में गुस्ताख़ी करें ऐसी मजाल कहाँ ? हम पर वक़्त की मार पड़ी है। माँ-बाप दोनों जाते रहे। चिकनकारी के ज़रिए जैसे-तैसे गुज़ारा होता है, मगर हुज़ूर हमारी अना और तहज़ीब हमारी ग़ुरबत की पर्दापोशी सलीक़े से करती है। ये सिफत हमने लखनऊ की मिट्टी से विरसे में पाई है। कल ये हुआ था कि हम तीनों कढ़ाई कर रहे थे और पास का चिराग़ बुझने लगा। इस पर छोटी बहन ने अपनी ग़ुरबत को ज़बान पर न लाने की ग़रज़ से सिर्फ़ ये कहा कि वो जा रहा है मतलब चिराग़ बुझ रहा है। इस पर मझली बहन भी उसी लहज़े में बिना तेल का नाम लिए बोली—वो न होगा। फिर मैं बोली कि बेशक वो होता तो वो न जाता। अब आप पता नहीं क्या से क्या समझ बैठे। बादशाह अभी इस अन्दाज़-ए-गुफ़्तगू पर ख़ुश हो ही रहा था कि बड़ी बहन आगे बोली—ये भी सुनिए कि अभी क्या बात हुई। हम परदे करने वाली लड़कियाँ हैं यहाँ आते हुए कितनी निदामत हुई हम ही जानते हैं। जब आपको देखा तो हमारी छोटी बहन ने कहा—हमें तो ये वो लगता है वो का मतलब था जानवर। इस पर मझली ने कहा—कि वो होता तो क्या वो न होते मतलब जानवर होता तो सींग न होते। ये सुनकर मैं बोली कि ऐसे भी तो होते हैं जिनके वो (सींग) नहीं होते यानी कि गधा। कोई और बादशाह होता तो अपने बारे में ऐसी गुफ़्तगू सुनकर पता नहीं क्या कर डालता। मगर ये लखनऊ की नवाबी थी जिसने उन लड़कियों की ज़हानत, नेकी और अन्दाज़-ए-गुफ़्तगू पर निसार हो गई। नवाब साहब ने उन्हें मालामाल करके दरबार से रुख़सत किया।

फ़क़ीर के हुजरे से उठने वाली लोबान की ख़ुशबू

बुज़ुर्ग कहते थे कि तहज़ीब किसी नवाब के शबिस्तान में रखा हुआ गुलदान नहीं कि चन्द ख़ास लोग ही उसके मालिक-मुख़्तार बन जाएँ। तहज़ीब तो फ़क़ीर के हुजरे से उठने वाली लोबान की वो ख़ुशबू है जो बग़ैर किसी भेदभाव के अमीर और ग़रीब दोनों को महकाती है। सुनाने वाले इस तरह सुनाते हैं कि इसी शहर में सामन्ती ठसक और आत्ममुग्धता से भरे एक नवाब साहब होते थे जो लखनवी नफ़ासत के नाम पर अवाम की हर चीज़ में ऐब निकालने के आदी थे।

एक दिन उन्होंने अपनी ख़ादिमा से कहा कि आज वो अंडा खाएँगे। ख़ादिमा किचेन में गई और एक अंडा फ्राई करके ले आई। नवाब साहब ने उसे देखा तो फ़रमाया तुम्हें शाही लोगों के मिज़ाज का ज़रा भी अन्दाज़ा नहीं, मैं उबला हुआ अंडा खाना चाहता था और तुम इसे फ्राई करके ले आईं। नवाब साहब ने अंडे को छुआ भी नहीं। शाम को फिर उन्होंने अंडा खाने की फ़रमाइश की। इस बार ख़ादिमा ने अंडा उबालकर उनकी ख़िदमत में हाज़िर किया। मगर नवाब साहब ने इस बार ये कहते हुए अंडा खाने से इनकार कर दिया कि आज उनका मूड फ्राइड अंडा खाने का था। अगले दिन फिर नवाब साहब के अंडा प्रेम ने ज़ोर मारा। इस बार ख़ादिमा किचेन से अंडे की दो प्लेट लाईं। एक प्लेट में उबला हुआ अंडा था और एक में फ्राइड अंडा। मगर नवाब साहब को अंडा

खाना कहाँ था, फ़क़त लखनवी नफ़ासत की आबरू रखनी थी। अंडों की प्लेटें देखते ही बरस पड़े। तुम जाहिल हो। तुम्हें शाही लोगों के दस्तरख़्वान के बारे में कुछ नहीं पता। जिस अंडे को फ्राई करना था तुमने उसे उबाल दिया और जिसे उबालना था तुमने उसे फ्राई कर दिया...लेकिन आख़िरकार, वक़्त सबको आईना दिखा देता है। यही नवाब साहब एक दफ़ा बम्बई आल इंडिया रेडियो गए। तब बुखारी साहब रेडियो स्टेशन के डायरेक्टर थे। नवाब साहब किसी काम के लिए बुखारी से मिलना चाहते थे।

रेडियो के एक कर्मचारी ने उनसे कहा कि बुखारी साहब अभी किसी मीटिंग में हैं, आप कुछ देर इन्तज़ार करें, मैं उन्हें ख़बर करता हूँ। मगर नवाब साहब इन्तज़ार कहाँ कर सकते थे। सीधे दनदनाते हुए मीटिंग रूम में दाख़िल हो गए। बुखारी को ये हरकत अच्छी नहीं लगी मगर फिर भी सार्वजनिक शिष्टाचार का ध्यान रखते हुए नवाब साहब से बोले—अभी थोड़ा वक़्त लगेगा। आप कुरसी पर तशरीफ रखिए। पर नवाब साहब वक़्त देने के मूड में नहीं थे। फ़रमाया—लगता है आप मुझे जानते नहीं। मैं लखनऊ के शाही खानदान से ताल्लुक रखता हूँ...अब बुखारी को ग़ुस्सा आ गया। बोले—फिर ऐसा कीजिए आप दो कुर्सियों पर बैठ जाइए।

हम अहले मेहरो-मोहब्बत हैं दिल निकाल के रख

लखनऊ में जहाँ नवाबों की नफ़ासत और अदा के क़िस्से ख़ूब सुनाई देते हैं वहीं अवाम की अना और ख़ुद्दारी की दास्तानें भी जा-ब-जा बिखरी हुई हैं। एक तारीख़ हाकिम की है तो एक रियाया की। बाज़ार भले ही 'ब्रांड लखनऊ' को नवाबों के सच्चे-झूठे लटकों-झटकों तक महदूद कर देता हो, इसमें अवाम के अफ़सानों को शामिल न करता हो मगर ये अफ़साने इस शहर के लोक में सदियों से रचे-बसे हैं। इन्हीं में से एक क़िस्सा है 'सिड़े' हैदरी खाँ का, जो लखनउवा मिज़ाज की बेहतरीन तर्जुमानी करता है। शरर के मुताबिक सिड़े हैदरी खाँ बादशाह गाज़िउद्दीन हैदर के अहद में गोलागंज में रहा करते थे। ये मौसिकी में इस क़दर डूबे रहते थे कि कुछ होश न रहता था। इसीलिए उनका नाम सिड़ी या सिड़े पड़ गया था। उनके तरन्नुम के चर्चे दरबार तक पहुँच चुके थे। बादशाह सलामत ख़ुद उनका गाना सुनने के मुश्ताक़ थे। सिड़े को कई बार दरबार में बुलवाया गया लेकिन कलन्दर-सिफत सिड़े दरबार में हाज़िरी बजाने नहीं गए।

आख़िर एक दिन बादशाह ने सिपाही भेजकर उन्हें गिरफ़्तार करवा लिया और इरशाद किया कि गाना गाओ। मगर सिड़े ख़ामोश खड़े रहे। अब बादशाह ने लहज़ा सख़्त करते हुए फ़रमाया—अगर जान की अमान चाहते हो तो गाना गाओ। सिड़े ख़ामोश रहे। इस दफ़ा बादशाह ने ज़रा नर्म लहज़े में कहा—हम

तुम्हारा गाना सुनना चाहते हैं। तुम्हारे गले की बड़ी तारीफ़ें सुनी हैं। अगर तुम अपने गाने से पहले हमें ख़ुश करने और फिर रुलाने में कामयाब हुए तो हम तुम्हें मुँह माँगा इनाम देंगे। ये सुना तो सिड़े ने गाना शुरू किया। कुछ ऐसे सुर लगाए कि पहले नवाब को शादाब किया और फिर ज़ार-ज़ार रुलाया। गाना ख़त्म हुआ तो नवाब काफ़ी देर तक ख़ामोश रहे। फिर सिड़े से बोले कि तुम्हारे बारे में जैसा सुना था तुमको वैसा ही पाया। माँगो क्या माँगते हो ? इस पर सिड़े ने कहा—आप बस इतना वादा करें कि आइंदा भी मुझसे गाना सुनाने के लिए नहीं कहेंगे। बादशाह ने कहा—ठीक है, वादा रहा। मगर ऐसा क्यों ? सिड़े ने कहा—क्योंकि आप ठहरे बादशाह, आपके मिज़ाज का क्या भरोसा। आज ख़ुश हैं तो मुँह-माँगा इनाम दे रहे हैं। क्या पता कब नाराज़ हो जाएँ और मेरी जान ले लें। अगर आप मर गए तो आपकी जगह कोई दूसरा बादशाह ले लेगा लेकिन अगर मैं मर गया तो लखनऊ को दूसरा हैदरी खाँ नहीं मिलेगा। इतना कहकर सिड़े हैदरी खाँ दरबार से निकल आए और शाह-ए-अवध उन्हें देखता रह गया।

ख़ज़ाना-ए-ज़र-ओ-गौहर पे ख़ाक डाल के रख
हम अहल-ए-मेहर-ओ-मोहब्बत हैं दिल निकाल के रख
हमें तो अपने समन्दर की रेत काफ़ी है
तू अपने चश्मा-ए-बेफ़ैज़ को सँभाल के रख

—इफ़्तिख़ार आरिफ़

क़िस्सा तारीख़ 'बनाने' वालों का

गुज़िश्ता लखनऊ के बारे में मशहूर था कि यहाँ अगर आप पत्थर को हवा में उछाल दें, तो पत्थर किसी शाइर के ही यहाँ जाकर गिरेगा। उसी तरह आज के लखनऊ में उछाला गया हर पत्थर किसी न किसी इतिहासकार के यहाँ गिरता है। लखनऊ की तहज़ीब जब से बाज़ार की ज़ीनत बनी है, लखनऊ में हर आदमी उसी तरह शहर की तारीख़ लिए फिरता है जिस तरह नासिख लखनवी जहाँ में अपनी महबूबा की तस्वीर लिए फिरते थे। ये अलग बात है कि इतिहास का अकादमिक जगत या गम्भीर अध्येता इस तारीख़ में उससे भी कम इन्टरेस्ट रखता है जितना सरकारी बैंक अपने यहाँ जमा हुए रुपए पर देते हैं। लेकिन इस तर्ज़े तग़ाफुल का ये जियाले ज़रा भी 'लोड' नहीं लेते। बल्कि ये तो फ़िराक़ साहब के अन्दाज़ में यहाँ तक कह देते हैं कि वो इतिहास 'पढ़ाते' हैं हम इतिहास 'बनाते' हैं। सबके पास अपना बनाया हुआ इतिहास है।

शहर के इतिहासकारों से एक बार किसी पत्रकार ने पूछा कि 1916 का कांग्रेस अधिवेशन शहर में किस जगह हुआ था। जवाब में शहर के हर इतिहासकार ने अपना इतिहास बनाते हुए अलग-अलग जगह बताई लेकिन किसी ने भी सही जगह नहीं बताई। आख़िरश जब इन्हें सही जवाब बताया गया तो ये बोले—अमाँ कांग्रेस अधिवेशन कौन बड़ी चीज़ है जिसे याद रखा जाए। आप ज़रा हमसे जान-ए-आलम के पानदानों और ख़ासदानों के नाम पूछिए, फिर

देखिए कि हम बता पाते हैं या नहीं। एक दफ़ा लखनऊ के एक नवाब साहब ने लखनऊ का 'पुनरुद्धार' करने के लिए एक तंज़ीम बनाई। पहला जलसा दिल्ली में किया तो तकरीर का आगाज़ यूँ किया—दोस्तो ये वो शहर है जहाँ से कभी वाजिद अली शाह गुज़रे थे। मुझे इस शहर की फिज़ाओं में आज भी उनके घोड़े की टापों की आवाज़ सुनाई देती है।

कुछ दिन बाद उन्होंने चंडीगढ़ में जलसा किया और वहाँ की फिज़ाओं में भी उन्हें वाजिद अली शाह के घोड़े की टापें सुनाई दीं। इसके बाद वो धौलपुर पहुँचे तो वहाँ भी तकरीर यूँ शुरू की—दोस्तो इस जगह का नाम है धौलपुर। ये धौल बना है धूल से। और ये धूल वही धूल है जो वाजिद अली शाह के घोड़े की टापों से उड़ी थी...अचानक सामईन में से एक आदमी खड़ा हुआ और बोला—नवाब साहब, आप पहले वाजिद अली शाह के घोड़े का रूट तय कर लें। आपका तो कुछ नहीं बिगड़ेगा, घोड़ा बेचारा थक जाएगा...हॉल ठहाकों से गूँज गया। नवाब साहब ने इसके बाद कोई जलसा नहीं किया।

कुछ तो होते हैं मुहब्बत में जुनूं के आसार

पुराने लखनऊ के हुनरमन्द क़िस्सागो यूँ फ़रमाते हैं कि लखनऊ का एक ना-मुराद आशिक़ जब ज़िन्दगी से बेज़ार हो गया तो शहर के लोगों ने उसे फ़ौज में भर्ती हो जाने की तजवीज़ की। कहा, कुछ नहीं तो देश के ही काम आओ। इसने फ़ौज में भर्ती के लिए दरख़्वास्त दे दी। अब ये आशिक़ इन्टरव्यू देने पहुँचता है। सामना एक ऐसे गोरे अफ़सर से होता है, जो उर्दू समझ लेता है लेकिन बोल नहीं पाता, और ये आशिक़ अंग्रेज़ी समझ लेता है मगर बोल नहीं पाता। लिहाज़ा एक अजीबो-ग़रीब क़िस्म का इंटरव्यू होता है,जब इंटरव्यू के लिए नाम पुकारा जाता है तो ये शेर पढ़ते हुए अन्दर जाता है—'तेरी महफ़िल में दिल थामे तेरा दीवाना आता है/ठहर ऐ शम्मा जलने को तेरा परवाना आता है।' अंग्रेज़ इसका हुलिया और अन्दाज़ देखकर जोर से हँसता है। इस पर ये कहता है—'ऐ देखने वालो मुझे हँस-हँस के न यूँ देखो/तुमको भी मुहब्बत कहीं मुझ-सा न बना दे।' अब अंग्रेज़ संजीदा होकर कहता है—'बी सीटेड। योर नेम प्लीज़?' ये जवाब देता है—'इश्क़ कहते हैं मुझे, हुस्न का दीवाना हूँ/कहीं भौंरा कहीं बुलबुल कहीं परवाना हूँ/हुस्न वाले मेरा अरमान किया करते हैं/जां मेरे नाम पे कुर्बान किया करते हैं।' अंग्रेज़ कहता है—'हैलो मिस्टर इश्क़! व्हेयर डू यू लिव?' ये बताता है—'एक जा रहते नहीं, आशिक़े बदनाम कहीं/अमाँ दिन कहीं रात कहीं सुब्ह कहीं शाम कहीं।' अंग्रेज़ हैरत के साथ पूछता है—'देन हाउ डू यू अर्न योर ब्रेड एंड बटर?' ये

अपनी अदा में बोलता है—'ख़ूने दिल पीने को, लख्ते जिगर खाने को/ये गिज़ा मिलती है लैला तेरे दीवाने को।' अंग्रेज़ परेशान है मगर आगे पूछता है—'व्हिच रिलीजन डू यू फॉलो?' ये फरमाता है—'हम इश्क़ के बन्दे हैं मज़हब से नहीं वाक़िफ़/गर काबा हुआ तो क्या, बुतख़ाना हुआ तो क्या।' अब अंग्रेज़ झल्लाकर कहता है—'आर यू मैड ऑर व्हाट?' मगर ये बेनियाज़ी से कहता है—'कुछ तो होते हैं मुहब्बत में जुनूं के आसार/और कुछ लोग भी दीवाना बना देते हैं।' अंग्रेज़ बौखलाकर कहता है—'व्हाट द हैल आर यू टाकिंग अबाउट। हू हैज़ काल्ड यू हियर?' ये कहता है—'दिले मुज्तर से पूछ, ऐ रौनके बज़्म/मैं ख़ुद आया नहीं लाया गया हूँ।' अंग्रेज़ ग़ुस्से के साथ आदेश देता है—'गेट आउट फ्राम हियर इमीडिएटली।' ये फरमाता है—'और होंगे वो तेरी बज़्म से उठने वाले/हज़रते दाग़ जहाँ बैठ गए बैठ गए।' अंग्रेज़ बौरा जाता है और चिल्लाता है—'थ्रो दिस मैन आउट।' अब ये उठकर बाहर निकलते हुए कहता है—'निकलना खुल्द से आदम का सुनते आए थे लेकिन/बहुत बे-आबरू होकर तेरे कूचे से हम निकले।'

सब हमसे सीखते हैं अन्दाज़ गुफ़्तगू का

नक्ख़ास में वज़ीरू का होटल था। शहर में आम आदमी का कॉफ़ी हाउस तो यही था। क्यूँकि हजरतगंज तो उस पुरफरेब महबूबा की तरह है जो सिर्फ़ पैसे वाले आशिक़ों से प्यार करती है। वज़ीरू का होटल सही मायनों में लखनवी तहज़ीब का परवरदा था, और ख़ुद वज़ीरू सरापा लखनऊ थे। ये होटल अपनी चाय के लिए कम और वज़ीरू के लिए ज़्यादा मशहूर था। हाल सुनिए कि एक रोज़ वज़ीरू चाय बनाने में और उनके ग्राहक सब्र करने में मुब्तेला थे के अचानक एक नवाब साहब होटल में दाख़िल हुए और वज़ीरू से चाय की फ़रमाइश की। वज़ीरू ने सिर्फ़ इतना कहा कि तशरीफ रखिए। इस पर नवाब साहब ने तंज़ करते हुए ग़ालिब का शे'र यूँ पढ़ा—हमने माना कि तग़ाफुल न करोगे फिर भी/ख़ाक हो जाएँगे हम तुमको ख़बर होने तक। अब वज़ीरू चोट खाई हुई नागिन की तरह पलटे और कहा—'नवाब साहब बरा-ए-मेहरबानी आप चचा को मुआफ ही रखिए। ये कोई मज़हबी किताब थोड़ी है के जैसे जी चाहा वैसे पढ़ दी।' नवाब साहब बेचारे झेंप गए। कुछ देर बाद उन्होंने फिर चाय का इरशाद किया। वज़ीरू ने कोई जवाब नहीं दिया। जब तीसरी बार उन्होंने चाय के लिए कहा तो वज़ीरू अपने मखसूस अन्दाज़ में बोले—देखिए जनाब! सब्र कीजिए, या फिर नक्ख़ास में और भी होटल हैं। आपके पास तो पैसे हैं। आपको तो कोई भी चाय पिला देगा। मगर इन हजरात को चाय कौन पूछेगा। ये सब हमारे बाक़ीदार हैं। मगर वज़ीरू की अफ़सानवी

शोहरत का राज़ ये लखनवी रवादारी नहीं थी। दरअसल वज़ीरू शेख बाकर अली चिरकीन और रफ़ी अहमद खाँ के सिलसिले की अगली कड़ी थे। उनकी शोहरत का राज़ थीं उनकी गालियाँ और 'नॉनवेज' जुमले। वज़ीरू के यहाँ गाली देना एक कला थी और वो इस कला के सबसे बड़े कलाकार थे।

जिस तरह सितार रविशंकर पर, शहनाई बिस्मिल्लाह खाँ पर, मरसिया मीर अनीस पर और ग़ज़ल ग़ालिब पर फख्र् करती है उसी तरह गालियाँ वज़ीरू पर फख्र् करती थीं। वो अपने अनोखे अन्दाज़ में ऐसी-ऐसी अनोखी गालियाँ देते थे के एक आलम उनकी गालियाँ खाने का मुश्ताक रहा करता था। होटल पर लोग चाय पीने के लिए कम और गाली सुनने के लिए ज़्यादा आते थे। वज़ीरू भी अपनी इस मकबूलियत से ख़ूब वाक़िफ़ थे। कोई गाली देने के लिए इसरार करता या छेड़ता तो कहते गाली देने की मेरी फीस, चाय पिलाने की फीस से बहुत ज़्यादा है मियाँ। एक दफ़ा मलीहाबाद से एक खाँ साहब गाली सुनने की ख़्वाहिश लेकर वज़ीरू के यहाँ आए। वज़ीरू के मुँह से एक गाली सुनने के लिए पाँच रुपए तक देने पर आमादगी ज़ाहिर की। लेकिन वज़ीरू लिहाज़ में या तकल्लुफ में कुछ नहीं बोले। जब उन्होंने बहुत इसरार किया तो वज़ीरू ने सिर्फ़ इतना कहा—साहबज़ादे ये पैसे अपनी जेब में रखिए और अम्मीजान से जाके कहिए कि तैयार हो जाएँ।

बुलबुल ग़ज़लसराई आगे हमारे मत कर
सब हमसे सीखते हैं अन्दाज़ गुफ़्तगू का

—मीर तक़ी मीर

यहाँ के दोस्त बावफ़ा, मोहब्बतों से आश्ना

पूरी दुनिया में लखनऊ वाहिद शहर है जिसे 'शहर-ए-वफ़ा' का ख़िताब हासिल है। क़िस्सा बड़ा मशहूर है कि मुल्क के बँटवारे के कुछ रोज़ बाद एक अमरीकी शख़्स लखनऊ आया। शाम को अंगूर की बेटी की नाज़-बरदारी करने को वो किसी शराबख़ाने में दाख़िल हुआ और बादाख़्वारी की इब्तेदा की। अचानक उसे एक अजीबो-ग़रीब मंज़र दिखा।

मयख़ाने के एक कोने में एक बुज़ुर्ग शराब पी रहे थे। थे तो वो बिलकुल अकेले मगर उनकी मेज़ पर शराब के गिलास दो रखे थे। वो बारी-बारी से दोनों गिलास इस्तेमाल में लाते। ग़रज़ ये के एक पैग एक गिलास से पीते तो अगला दूसरे गिलास से। वेटर भी बारी-बारी से दोनों गिलास भर देता। आख़िर हैरत से पुर होकर अमरीकी उस कोने वाली मेज़ पर पहुँचा। उसने दुआ-सलाम के बाद उस मेज़ के आदमी से दो गिलास से शराब पीने का सबब पूछा। उस आदमी ने बेहद हस्सास लहज़े में जवाब दिया—हुज़ूर मेरा नाम कालिका श्रीवास्तव है। इस मेज़ पर एक गिलास मेरा है। दूसरा गिलास मेरे बचपन के दोस्त इफ़्तिख़ार हुसैन का है। जिसे बँटवारे ने धक्का देकर पाकिस्तान की तरफ़ गिरा दिया। अपना पहला जाम नौजवानी में हम दोनों ने साथ ही उठाया था। घरवालों से छुपते-छुपाते। उसके बाद जब भी हमने शराब पी एक-दूसरे के साथ ही पी। फिर एक दिन उसे पाकिस्तान जाना पड़ा। उसकी याद आती है

तो शराब की तरफ़ खिंचता हूँ। मगर उसके बिना पीने की भी हिम्मत नहीं पड़ती। ये उसकी याद से बेवफ़ाई करने जैसा लगता है। सो मैंने ये तरीक़ा निकाला है कि बवक़्ते मैनोशी एक गिलास मैं इफ़्तिख़ार के लिए बनाकर उसकी तरफ़ से ख़ुद पी लेता हूँ और फिर अपना गिलास बनाता हूँ। इसी तरह से दौर चलते हैं। अमरीकी ने हैरत के साथ कालिका से हाथ मिलाया और वहाँ से चला गया।

कुछ साल बाद वो दोबारा लखनऊ आया तो कालिका से मिलने फिर उसी मयख़ाने में पहुँचा। देखा कि कालिका उसी मेज़ पर तन्हाई में बैठे शराब पी रहे हैं लेकिन इस बार मेज़ पर सिर्फ़ एक गिलास है। पूछने पर कालिका ने बताया कि साहब मैंने तो शराब पीना छोड़ दिया है क्योंकि डॉक्टर ने मना किया था। ये जो मैं पी रहा हूँ ये मेरी नहीं बल्कि इफ़्तिख़ार के हिस्से की शराब है। जो मैं उसकी तरफ़ से पी रहा हूँ।

यहाँ के दोस्त बावफ़ा, मोहब्बतों से आश्ना
किसी के हो गए अगर, रहे उसी के उम्र भर
निभाई अपनी आन भी, बढ़ाई दिल की शान भी
हैं ऐसे मेहरबान भी, कहो तो दे दें जान भी
जो दोस्ती का हो यक़ीं, ये लखनऊ की सरज़मीं

—शकील

नवाब साहब और पेट का दर्द

एक नवाब साहब थे जो अपनी नवाबी का चिराग़ अपनी बेगम के आँसुओं से रोशन करते थे। नवाब साहब दिन भर घर में पड़े-पड़े हुक्का गुड़गुड़ाया करते थे और बेगम बेचारी गृहस्थी चलाने को मोहल्ले भर के कपड़े सिलतीं। घर का सारा काम भी उन्हीं को करना पड़ता। बेगम समझाकर हार जातीं, मगर नवाब साहब की नवाबी कम न होती। ज़रा-ज़रा सी बात पर बेगम पर चिल्लाना, गालियाँ देना वे मर्दाना शान समझते थे। एक शाम बेगम सिलाई के काम से जैसे ही फ़ारिग़ हुईं नवाब साहब ने उन्हें हलवा पकाने का हुक्म दिया। बेगम थकी हुई थीं, कुछ देर आराम करना चाहती थीं। उन्होंने नवाब साहब से मद्धिम लहजे में थोड़ी देर सब्र करने की इल्तिजा की। अपने हुक्म की तामील में ताख़ीर नवाब साहब को क़तई पसन्द नहीं थी। आगबबूला हो गए और कड़क लहजे में बेगम से फ़ौरन हलवा पकाने को कहा। बेगम ने फिर कहा कि बस अभी बनाए देती हूँ इक ज़रा दम तो लीजिए।

अब नवाब साहब का ग़ुस्सा आसमान पर पहुँच गया। गालियाँ बकने लगे। मगर बेगम ने भी कुछ ठान ली थी। न उठीं तो न उठीं। उलटा नवाब साहब को जवाब और दे दिया कि ज़्यादा जल्दी हो तो ख़ुद ही पका लीजिए। बस जवाब सुनकर नवाब साहब को आ गया ताव। घुस गए रसोई के अन्दर हलवा बनाने। पर बनाना तो आता नहीं था। सोचने लगे कि हलवा बनता कैसे है। ख़याल

आया कि कुछ लिजलिजा सा होता है। सो आटे में पानी मिला दिया और कड़ाही जलते हुए चूल्हे पर चढ़ाकर उलटने-पलटने लगे। जब देखा कि हलवा नहीं बन रहा तो ऊँची आवाज़ में बोले अब मैं हलवा नहीं गुलगुले खाऊँगा। इसके बाद उसी पानी मिले आटे से गुलगुले बनाने की कोशिश करने लगे। गुलगुले भी नहीं बने। फिर सोचा आटे के चिल्ले भी तो बन सकते हैं। बस पानी थोड़ा और मिलाना पड़ेगा। बेगम को सुनाते हुए बोले, गुलगुले नहीं चिल्ले खाने का मन है। मगर थोड़े के चक्कर में आटे में इतना पानी मिला दिया कि सब पानी-पानी हो गया।

अब नवाब साहब के छक्के छूटने लगे। चिल्ले भी गए। क्या किया जाए। जब कुछ नहीं समझ आया तो यकायक पेट पकड़कर पलंग पर औंधे मुँह जा गिरे और चिल्लाने लगे—'हाय अल्लाह। बहुत ज़ोर का दर्द उठा है पेट में। चिल्ला गया भाड़ में। मुझसे कुछ न खाया जाएगा। बस किसी तरह सो जाऊँ के दर्द से निजात मिले।' बेगम लेटे-लेटे पहले तो ये तमाशा देखती रहीं, फिर आँखें मूँद लीं। नवाब साहब काफ़ी देर तक कराहते रहे। फिर चुपके से सर जो उठाया तो देखा कि सुबह की थकी-हारी बेगम अपने बिस्तर पर चैन की नींद सो रही थीं।

ये तेरा ज़र्द रुख, ये ख़ुश्क लब, ये वहम, ये वहशत
तू अपने सर से ये बादल हटा लेती तो अच्छा था
दिले मजरूह को मजरूहतर करने से क्या हासिल
तू आँसू पोंछकर अब मुस्कुरा लेती तो अच्छा था

—मजाज़ लखनवी

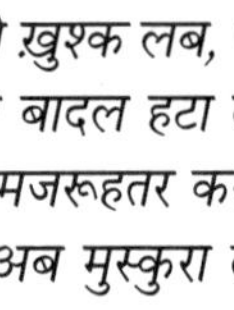

नवाब साहब और बिरयानी का ठेला

क़िस्सा उस दौर का है जब लखनऊ में शायरों का बोलबाला था। फ़िज़ा ही कुछ ऐसी थी कि मामूली से मामूली आदमी भी शायरी में गुफ़्तगू करता था। इसी का असर था कि एक नवाब साहब को भी शायरी करने का शौक़ चढ़ा। मगर एक शेर भी क़ायदे का न कह सके। जब बहुत कोशिशों के बाद भी नवाब साहब शायर न कहला सके तो उन्हें एक घटिया तरक़ीब सूझी। एक फेरी वाले की ग़ज़ल चुरा ली और अपनी नवाबी का जलवा दिखाकर उसे अपने नाम से मशहूर कर दिया। नाम हो गया तो एक मुशायरे से बुलावा भी आ गया। बस उन्होंने ग़रीब शायरों की मजबूरी का फ़ायदा उठाकर उनसे कुछ ग़ज़लें खरीदीं और मुशायरे में पढ़ने के लिए रटने लगे। उधर वो फेरी वाला भी नवाब साहब को आईना दिखाने का मौक़ा और तरक़ीब ढूँढ़ने लगा।

इसी जुस्तजू में आख़िर उसकी मुलाक़ात तीन अजीब-ओ-ग़रीब भाइयों से हुई। पहला भाई अगर कोई बात एक दफ़ा सुन लेता था तो उसे लफ़्ज़-ब-लफ़्ज़ याद हो जाती थी, दूसरा भाई किसी बात को दो दफ़ा सुनकर याद कर लेता था और तीसरे भाई को बड़ी से बड़ी बात याद करने के लिए सिर्फ़ तीन बार सुनने की ज़रूरत थी। फेरी वाले ने इन भाइयों को अपनी मदद करने पर राज़ी किया और तरक़ीब बताई। मुशायरे की शाम जब नवाब साहब ने 'एकदम ताज़ा' का दावा करते हुए एक अपनी लम्बी ग़ज़ल पढ़ी तो फ़ौरन पहले भाई

ने खड़े होकर कहा, ये नवाब चोर है, इसने मेरी ग़ज़ल चुराई है। मैं अभी सुनाए देता हूँ। इसके बाद उसने पूरी ग़ज़ल लफ़्ज़-ब-लफ़्ज़ पढ़ दी। सुनने वाले नवाब साहब को हैरत की निगाह से देखने लगे। शोर मचने लगा।

इसके बाद नाजिम ने कहा कि नवाब साहब आप दूसरी ग़ज़ल पढ़िए। नवाब साहब ने दूसरी ग़ज़ल पढ़ी। इस बार फिर पहला भाई चिल्लाया। ये ग़ज़ल भी चोरी की है। पहले वाली मेरी थी ये मेरे छोटे भाई की है। इसके बाद उसने एक बार फिर पूरी ग़ज़ल सुना दी। दूसरा भाई चूँकि दो बार ग़ज़ल सुन चुका था इसलिए उसने भी ग़ज़ल ये कहते हुए सुना दी कि यक़ीनन ये मेरी ही लिखी है। इसके बाद झल्लाकर नवाब साहब ने तीसरी ग़ज़ल पेश की। पहला भाई ज़ोर से चिल्लाया—इस चोर को यहाँ किसने बुलाया। अबकी मेरे सबसे छोटे भाई की ग़ज़ल सुनाई है। इसके बाद उसने पूरी ग़ज़ल सुना दी। अब दूसरा भाई हामी भरते हुए बोला कि हाँ-हाँ, ये छोटे की ही ग़ज़ल है, उसने कल ही हम दोनों को सुनाई थी, और दुसरे भाई ने भी पूरी ग़ज़ल सुना दी। तीसरा भाई चूँकि तीन बार ग़ज़ल सुन चुका था, बोला बेशक ये मेरी ही ग़ज़ल है। ये नवाब पक्का चोर है, और उसने भी पूरी ग़ज़ल सुना दी। पब्लिक हूटिंग करने लगी। नवाब साहब जान बचा के भागे और क़सम खाई कि पाटे नाले पर बिरयानी का ठेला लगा लेंगे मगर शायरी नहीं करेंगे।

तू ही नादां चन्द कलियों पर कनाअत कर गया

बचपन की आदतें बुढ़ापे में भी इनसान को किस दरजा मजबूर-ओ-लाचार बनाए रखती हैं, इसकी मिसाल ये क़िस्सा है। चौपटियों के लप्पू दर्ज़ी, जिन्हें सब लप्पू मास्टर भी कहते थे, अपनी एक आदत की वजह से ख़ासे बदनाम थे, जिसका ज़िक्र आगे आएगा। एक दफ़ा वो बहुत बीमार हो गए। इसी आलम में उन्हें ख़्वाब आया कि वो सचमुच मर गए हैं और क़ब्र में दफ़न हैं, जहाँ चारों तरफ़ उन्हें लाल, हरी, नीली, पीली बेशुमार क़िस्म की रंग-बिरंगी झंडियाँ टँगी दिखाई दे रही हैं। फ़रिश्तों से पूछने पर मालूम हुआ कि उन्होंने दुकान पर सिलाई करते हुए जिस-जिस रंग का कपड़ा चुराया था, ये उसकी गवाही है, जिन्हें देखकर अल्लाह मियाँ उनके गुनाहों की सज़ा मुकर्रर करेंगे। सज़ा की बात सुनते ही लप्पू के हाथ-पाँव फूल गए। उन्होंने अपने आपको एक ज़ोरदार तमाचा मारते हुए फ़ौरन तौबा की। तमाचा इतना ज़बरदस्त था कि ख़्वाब टूट गया। होश में आने के बाद लप्पू देर तक बेचैन रहे। क़सम खाई कि अब अगर बफ़ज़्ले ख़ुदा अच्छे हुए तो कपड़े की चोरी हरगिज़ नहीं करेंगे...

वक़्त गुज़रता गया और लप्पू धीरे-धीरे अच्छे हो गए। पहले ही दिन जब वो अपनी दुकान पर वापस पहुँचे तो अपने सारे शागिर्दों को बुलाकर अपने ख़्वाब की तफ़्सील बताई और फिर कहा—मैं उसी दिन से कपड़े की चोरी में मुब्तला

हूँ जिस दिन मैंने सिलाई सीखना शुरू किया था। अब ये आदत इतनी पुरानी हो गई है कि इसका छूटना बहुत दुश्वार है। मगर वो ख़ौफ़नाक ख़्वाब देखने के बाद मैंने कसम खाई है कि अब चाहे जो हो जाए कपड़े की चोरी हरगिज़ नहीं करूँगा। लिहाज़ा अगर कभी किसी कपड़े को देखकर बेइख़्तियार मेरी नीयत ख़राब हो तो और मैं चोर-कैंची चलाना चाहूँ तो तुम लोग ऊँची आवाज़ में कहना, ''मास्टर झंडी!'' ऐसा करते ही सज़ा के ख़याल से मेरी रूह काँप जाएगी और मैं चोरी करने से बच जाऊँगा...

शागिर्दों ने हुक्म की तामील की। जब भी लप्पू की नीयत ख़राब होती शागिर्द ''मास्टर झंडी!'' कह देते और लप्पू गुनाह से बच जाते। एक बार किसी दास्तानगो की अचकन सिलने के लिए चिकन का बहुत बढ़िया कपड़ा आया। लप्पू का मन डोला। देर तक उसे हसरत भरी निगाहों से देखते रहे। आख़िरकार उनसे रहा न गया। कैंची लगाई और शागिर्दों की नज़र बचाकर चाहा कि काट लें मगर तभी कोई चिल्लाया—''मास्टर झंडी!'' लप्पू मास्टर लम्हे भर को सटपटाए, मगर आज वो कुछ और ही करने पर आमादा थे। फ़ौरन ख़ुद को सँभालकर बोले—''अमाँ चिकन की झंडी वहाँ नहीं थी...और कपड़ा काटकर निकाल लिया।''

तू ही नादां चन्द कलियों पर कनाअत कर गया
वरना गुलशन में इलाज-ए-तंगि-ए-दामाँ भी है

—इक़बाल

बात तो जब है कि उदू भी मेरी तारीफ़ करे

लखनऊ की बात अक्सर नज़ाकत-नफ़ासत तक महदूद होकर रह जाती है। यहाँ की सरफ़रोशी और शुजाअत को पूरी तरह फ़रामोश कर दिया जाता है। जबकि 1857 की तारीख़ आज तक लखनवी जियालों की बहादुरी पर इतराती है। क़िस्सा मुफ़्तीगंज के मीर मुस्तफ़ा हुसैन खाँ का है। नवाबी ख़त्म होने से कुछ ही दिन पहले उनकी चौक में कुछ लोगों से कहा-सुनी हो गई। बात इतनी बढ़ी कि तलवारें खिंच गईं। मीर मुस्तफ़ा हुसैन अकेले इस गिरोह के मुक़ाबले पर खड़े हो गए। मुख़ालिफ़ीन में से एक ने कहा कि एक अकेले पर सबका मिलकर वार करना ग़लत है। क़ायदे से एक आदमी से एक आदमी को ही लड़ना चाहिए। इसके बाद वो ख़ुद मीर साहब के मुक़ाबले पर आ गया। ज़ोरदार टक्कर हुई। अन्त में मीर साहब घायल होकर गिर पड़े। इसी बीच अवध के तत्कालीन वज़ीर अली नकी खाँ के बहनोई महमूद हुसैन खाँ को इस लड़ाई की जानकारी हो गई। वो मीर साहब के भी रिश्तेदार थे। तुरन्त हाथी पर सवार हुए और सिपाहियों की एक पलटन लिए घटनास्थल पर मीर साहब को बचाने पहुँचे। लेकिन मीर साहब ने उन्हें कुछ भी करने से रोक दिया और कहा कि मुझसे सिर्फ़ एक आदमी ने मुक़ाबला किया है, जब मैं ठीक हो जाऊँगा तो ख़ुद उससे बदला ले लूँगा। मगर अगर अभी तुम लोगों ने उस पर हमला किया तो मुझे ऐसी शर्मिंदगी महसूस होगी कि मैं ज़िन्दा न रह पाऊँगा।

आख़िर ये लोग मुख़ालिफ़ीन से बिना कुछ कहे मीर साहब को घर उठा लाए। अभी वो पूरी तरह ठीक भी न हो पाए थे कि उनसे लड़ने वाले साहब उनकी अयादत (रोगी का हालचाल पूछना) को आ गए। काफ़ी बहस के बाद उन्हें मीर साहब से मिलने दिया गया। उन्होंने मीर साहब से उनकी सेहत के बारे में ख़ुलूस के साथ पूछा और मीर साहब ने उसी तरह से जवाब भी दिया। फिर मीर साहब बोले कि अगर ऊपर वाले ने चाहा तो एक हफ़्ते में पूरी तरह अच्छा हो जाऊँगा। फिर मेरे और आपके बीच मुक़ाबला होगा। सामने वाले ने जवाब दिया कि भाई मैं आपकी बहादुरी और इंसाफ़पसन्दी का कायल हो चुका हूँ। अब आप पर मेरा हाथ नहीं उठ सकता। इतना कहकर रुख़सत हुए। ठीक होने पर मीर साहब उनके घर गए और लड़ाई के लिए ललकारा। प्रतिद्वंद्वी ने सामने आकार सर झुका दिया और कहा कि ये सर हाज़िर है, मैं तो आपको भाई कह चुका। आख़िरकार मीर साहब ने भी भाई कहकर गले लगा लिया और फिर जब तक ज़िन्दा रहे उनको भाई ही मानते रहे।

आशना दाद मोहब्बत में भी दे देते हैं
बात तो जब है कि उदू भी मेरी तारीफ़ करे

—अदम

मुझको ग़म-ए-हयात से फ़ारिग़ न जानिए

लखनऊ के बाज़ारों में नक्ख़ास की अपनी अहमियत है। खरीद और फ़रोख़्त के बेशुमार क़िस्से इस दयार से वाबस्ता हैं। मशहूर उर्दू अदीब अल्लामा नियाज़ फ़तेहपुरी जब पहली बार लखनऊ आए तो उनका गुज़र नक्ख़ास से भी हुआ। बाज़ार की आराइश ऐसी थी कि इसका हुस्न अल्लामा की आँखों में बस गया। अरमान मचले कि इस रंगा-रंगी को या तो खरीद लिया जाए या ख़ुद को इसके हाथों बेच दिया जाए।

नियाज़ साहब अभी अरमानों की नाज़बरदारी में ही मसरूफ थे कि एक लखनउवा बाँके की नज़र इन पर पड़ी। ये चिकन की कढ़ाई वाले टोपी के पल्ले बेच रहा था। देखते ही समझ गया कि पहली बार नक्ख़ास आए हैं। क़रीब गया और बोला—'हुज़ूर इक ज़रा आपको ज़हमत तो होगी मगर ये पल्ला आपकी नज़र-ए-इनायत का तलबगार है।' नियाज़ साहब उसके अन्दाज़-ए-गुफ़्तगू से मुतासिर हुए और पल्ले को हाथ में लेकर उसके दाम पूछे। उस बाँके ने दिलकश लबो-लहज़े में फ़रमाया—'हुज़ूर दाम तो आप जैसे कद्रदान लगा ही लेते हैं, ज़रा काम पर गौर फ़रमाइए।' इसके बाद उसने पल्ले पर कढ़े गुल-बूटों की तरफ़ इशारा करते हुए कहा—'देखिए क्या चीज़ है। आपके करम की बारिश ने इसके अरमानों की कलियाँ खिला दी हैं। पत्ती-पत्ती बोलती है, बूटा-बूटा मुस्कुराता है। पल्ला नहीं है हुज़ूर छोटा-मोटा गुलज़ार-

ए-इरम समझिए।' अब नियाज़ साहब ने ठीक-ठाक दिलचस्पी दिखाते हुए पल्ले की क़ीमत पूछी। जवाब मिला—'हुज़ूर काम देखकर दाम का अन्दाज़ा तो आपने लगा ही लिया होगा। आम पल्ला तो है नहीं इसलिए थोड़ा क़ीमती है। अहमद अली (मनगढ़ंत नाम) के हाथ की कढ़ाई है। उनसे तो हुज़ूर वाक़िफ़ ही होंगे। उनके पल्ले विलायत जा के सैकड़ों में बिकते हैं। मुझ पर वक़्त पड़ा है इसलिए सस्ता बेचने को मजबूर हूँ, वरना यही पल्ला मन्नूलाल ने कल एक नवाब साहब को दस रुपए में बेचा है। ख़ैर, मेरी अटकी है, आपको पाँच में दे दूँगा।'

नियाज़ साहब पल्ले की ख़ूबसूरती के आशिक़ हो चुके थे। बेचने वाले का बयान ही कुछ ऐसा था। मगर एक पल्ले के पाँच रुपए वाकई बहुत ज़्यादा थे। लिहाज़ा अल्लामा ने हसरत भरी निगाह से पल्ले को देखा और आगे बढ़ गए। कुछ दूर ही चले थे के बाँके ने आवाज़ लगाई—'अक्खाह! अमाँ आप तो नाराज़ हो गए। चलिए आठ आने ही अता फ़रमाइए। आपने ग़रीब के पल्ले को जिस मोहब्बत से देखा उस पर हुस्न-ए-दो आलम कुर्बान, मुनाफ़ा क्या चीज़ है।' नियाज़ साहब का दिमाग़ चकरा गया। दिल में ख़याल किया कि ये क्या हिसाब हुआ। पाँच रुपए से सीधे आठ आने...फिर सोचा—'आदमी तो शरीफ़ लगता है, मजबूरियाँ जो न कराएँ!'

अल्लामा वापस पलटे, आठ आने दिए, पल्ला लिया और बेचने वाले पर हमदर्दी भरी निगाह डालते आगे बढ़ गए। उसने पीछे से हँसते हुए कहा—'हुज़ूर मुझ पर अफ़सोस न करें, इसमें भी चार आने ग़रीब के बच ही गए।'

मुझको ग़म-ए-हयात से फ़ारिग़ न जानिए
होंठों पे कुछ हँसी है सो दीवानापन की है

—कैफ भोपाली

पहले आप और रेल का सफ़र

जब हर तरफ़ तंगदिली और तास्सुब (पूर्वग्रह) का अँधेरा गहरा रहा हो, लाज़िम है कि 'पहले आप' की शमा रोशन की जाए। जिसने हर दौर में मोहब्बत का नूर बिखेरा है।

कुछ साल पहले हुआ ये कि चारबाग़ स्टेशन पर एक रेलगाड़ी बम्बई जाने के लिए तैयार थी। रात के पौने ग्यारह बजे थे। अक्टूबर के आख़िरी दिन थे। स्लीपर क्लास के एक डिब्बे में किसी तकनीकी दिक़्क़त के चलते लाइट नहीं जल रही थी। गाड़ी जब लखनऊ से चली तब सारे लोग डिब्बे में आ चुके थे और रोशनी न होने के कारण एक दूसरे से बिना किसी दुआ-सलाम के सीधे सीट पर लेटकर सोने की तैयारी करने लगे थे। क्योंकि अँधेरे की वजह से किसी साथी मुसाफ़िर को देख पाना ही मुमकिन नहीं था फिर बातचीत कैसे की जाए।

अभी सबने पहली झपकी ही ली होगी कि कहीं से पंखा चलने की आवाज़ आई। अक्टूबर के अन्त में इतनी ठंड तो हो ही जाती है कि पंखा चलाने की ज़रूरत नहीं होती। लिहाज़ा जब ये पंखा चला तो जो साहब इस पंखे के एकदम नीचे यानी ऊपरी बर्थ पर थे उन्हें जाड़ा लगने लगा। सो बेचारे लेटे-लेटे बोले—'अमाँ पंखा चल गया है क्या?' ग़ौर कीजिए कि ये अन्दाज़ सिर्फ़ लखनऊ में ही मिलेगा। हज़रत ठिठुर रहे थे, फिर भी किसी पर इल्ज़ाम रखते

हुए ये नहीं पूछा कि पंखा आपने चलाया है क्या? या आपने पंखा क्यों चलाया? पूछा—'अमाँ पंखा चल गया है क्या?' अभी इस जुमले के तहज़ीबी पहलू पर पूरी तरह ग़ौर भी नहीं हो पाया था कि पंखा बन्द हो गया और नीचे से एक बेहद विनम्र आवाज़ आई—'मच्छर काट रहे थे'। दरअसल बीच वाली बर्थ पर जो साहब थे रेलवे के मच्छर उनके ज़र्फ की आज़माइश कर रहे थे। बेचारे जब हारने लगे तो पंखा चला दिया। ऊपर वालों ने जब सुना कि मच्छर काट रहे थे तो मौसूफ़ दोगुनी विनम्रता से बोले—'चलने दीजिए...चलने दीजिए।' बीच वालों ने जवाब दिया—'नहीं, कोई बात नहीं। ऊपर जाड़ा लग रहा होगा।' अब ऊपर वाले बोले—'अमाँ नहीं। मच्छर चबा जाएँगे।' बीच वालों ने फ़रमाया—'थोड़ी देर में नींद आ जाएगी तो पता ही नहीं चलेगा, पंखे से आपको सीधी हवा लग रही होगी, तबीयत ख़राब हो जाएगी।' मगर ऊपर वाले भी पक्के लखनवी थे। पहले आपका सबक घुट्टी में मिला था। ऐसे कैसे मान जाते। बोले—'मच्छरों की भिन-भिन में नींद कैसे आएगी, मैंने चदरा ओढ़ लिया है,आप पंखा चला लीजिए।' इसके बाद बीच वाले साहब ने बिना कोई जवाब दिए पंखा चला दिया। दूसरे के आराम का ऐसा ख़याल और कहाँ रखा जाता होगा? थोड़ी देर बाद सब चैन की नींद सो रहे थे। पंखा भी ख़ामोश था।

मोहब्बत ने होवे तो पत्थर है दिल

संतों और दरवेशों ने भी लखनऊ को ख़ूब नवाज़ा है। इनकी कलंदरी के क़िस्से यहाँ बड़ी अक़ीदत के साथ सुने जाते हैं, और इस अक़ीदत में धार्मिक पूर्वग्रहों के लिए जगह नहीं है। बहुत मुश्किल ज़मानों में भी ये क़िस्से हमारी मुश्तरका (साझा) तहज़ीब की ज़मानत हैं। ऐसा ही एक क़िस्सा देवा शरीफ के वारिस अली शाह और बाबा ख़ुशहालदास का है जो मशहूर फ़ारसी विद्वान प्रो. वारिस किरमानी ने अपनी आत्मकथा घूमती नदी में बयान किया है।

क़िस्सा यूँ है कि देवा शरीफ़ के विश्वविख्यात संत हज़रत वारिस अली शाह एक बार पालकी में बैठकर कहीं जा रहे थे। गर्मियों की तपती दुपहरी थी। हज़रत को प्यास लगी तो जंगल में एक घने पेड़ के नीचे पालकी रुकवा दी। पास ही एक दूसरे संत बाबा ख़ुशहालदास की कुटिया थी। उन्होंने पालकी देखी तो अपनी सुराही और आबख़ोरा (कुल्हड़) लेकर आए और उनके पास जितना पानी था सब हज़रत को पेश कर दिया। हज़रत ने कई आबख़ोरे पिए। आख़िरी आबख़ोरे को पीने के बाद थोड़ा पानी बचा तो वो हज़रत ने बाबा को वापस कर दिया। बाबा ने हज़रत से वो आबख़ोरा ले लिया और फिर बचे हुए पानी को तस्कीन के साथ पी लिया। बक़ौल वारिस किरमानी शायद ये सोचकर—

साक़ी है आज कौन कि हर कूज़ए सिफाल
आता है एक नूर का दरिया लिये हुए

पानी पीने के बाद झूमकर अवधी में एक फ़िक़रा कहा—'अस न जले तो कस न बसाए।' अर्थात् अगर ऐसा न जलता तो इतनी ख़ुशबू कहाँ से आती। बज़ाहिर तो ये जुमला आबख़ोरे के लिए बोला गया लगता है कि आबख़ोरे में जब पहली बार पानी डाला जाता है तो वही ख़ुशबू आती है जो जलती हुई ज़मीन पर बारिश की पहली बूँदें पड़ने से आती है लेकिन इस जुमले में बाबा ख़ुशहालदास ने हजरत वारिस अली शाह की तरफ़ भी इशारा किया है जिन्हें ख़ुदा की इबादत में ख़ुद को ख़ाक कर लेने के बाद वो रूहानी ख़ुशबू अता हुई थी जो आज तक दुनिया को महकाती है।

कहा जाता है कि हज़रत वारिस शाह झूमकर होली खेलते थे, और उनकी याद में उनके शैदाई आज तक उनकी दरगाह पर होली खेलते हैं। उनके कई गैर मुस्लिम शैदाई अपने नाम के आगे वारसी लगाते हैं। इनमें राजा पंचम सिंह वारसी, पंडित दीनदार वारसी, कन्हैयालाल वारसी मशहूर हैं। हज़रत से एक बार किसी अंग्रेज़ ने पूछा था कि इतने मज़हब के लोग तुम्हारे आसपास दिखते हैं, तुम्हारा अपना मज़हब क्या है? इस पर उन्होंने अपने दोनों हाथ हवा में उठाए और आसमान की जानिब देखते हुए फ़रमाया—मोहब्बत!

मोहब्बत ने ज़ुल्मत से काढ़ा है नूर
न होती मोहब्ब्त न होता ज़हूर
मोहब्बत बिन इस जा न आया कोई
मोहब्बत से ख़ाली न पाया कोई
मोहब्बत ही इस कारख़ाने में है
मोहब्बत से सब कुछ ज़माने में है
मोहब्बत की आतिश से अख़गर है दिल
मोहब्बत ने होवे तो पत्थर है दिल

—मीर तक़ी मीर

दिल हो शबनम का, आँख शबनम की

जाफर अली खाँ उर्फ़ 'असर लखनवी' अपने ज़माने के मशहूर शाइर और आलोचक थे। डिप्टी कलेक्टर का ओहदा भी उनकी शोहरत में चार चाँद लगाता था। एक बार असर साहब बहैसियत डिप्टी कलेक्टर हरदोई ज़िले के दौरे पर निकले। पाली गाँव, (शाहाबाद तहसील) के एक बाग़ में उनके पड़ाव की तैयारियाँ की जाने लगीं। उस ज़माने में शाहाबाद आने वाले सरकारी अफ़सरों का पड़ाव इसी बाग़ में होता था। मगर जब गाँव के ज़मींदार को पता चला कि असर साहब लखनऊ के रहने वाले हैं तो उनके लिए ख़ास तौर पर एक दूसरे बाग़ में ख़ेमे लगवाए गए। बताया गया कि इस बाग़ का ज़र्रा-ज़र्रा अहले लखनऊ का एहसानमन्द है और लखनऊ वालों के प्रति आभार प्रदर्शन करने के लिए ही असर साहब को पहले वाले बाग़ में न रुकवाकर इस बाग़ में रुकवाया गया है।

ज़मींदार ने असर साहब को बताया कि नवाबी दौर में एक दफ़ा पाली गाँव ने सामूहिक तौर पर लगान देना बन्द कर दिया। जब ये बात नवाब के कानों तक पहुँची तो उन्होंने इस बग़ावत को कुचलने के लिए फ़ौज भेजी। फ़ौज ने अपने ख़ेमे उसी बाग़ में लगाए थे जहाँ असर साहब का कयाम था। ख़ेमे अभी लग ही पाए थे कि गाँव की एक लड़की बाग़ के कुएँ से पानी भरने आई। जब उसे पता चला कि ये फ़ौज लखनऊ से आई है तो उसने एक सिपाही से पूछा—'क्या

फ़ौज के साथ हमारे काका भी आए हैं?' सिपाही ने उससे काका का नाम पूछा कि तभी सेनापति वहाँ आ गए। उन्होंने सिपाही से पूछा कि ये लड़की कौन है और इससे क्या बातचीत हो रही है। सिपाही के कुछ बोलने से पहले वो लड़की ख़ुद बोली—'शायद आपने मुझे पहचाना नहीं। मैं आपके मोहल्ले के फलाँ कहार की बिटिया हूँ। इसी गाँव में ब्याही हूँ।' अब सेनापति उस लड़की को पहचान गए और उसे बड़े प्रेम से हालचाल पूछकर रुख़सत कर दिया। मगर इसके बाद वो ख़ुद उलझन में पड़ गए। सोचने लगे कि मोहल्ले की बिटिया इस गाँव में ब्याही है। अगर मैं गाँव पर हमला करूँगा तो इसका पति मारा जाएगा। हो सकता है ये भी मारी जाए। मैं अपने हाथों से अपनी भतीजी का घर नहीं उजाड़ सकता। पर शाही फ़रमान का क्या करूँ। आख़िरकार सेनापति ने नवाब को पूरी बात बताते हुए कहा कि आप जो सज़ा दें मैं भुगतने को तैयार हूँ मगर इस गाँव पर हमला मुझसे नहीं होगा। नवाब को जब पूरा मामला पता चला तो उन्होंने जवाब भिजवाया—'वो लड़की तुम्हारी ही नहीं हमारी भी भतीजी है। तुम फ़ौज लेकर वापस चले आओ। इस रिश्ते की यादगार में हम उस गाँव का लगान मुआफ़ करते हैं।' असर लखनवी गवाह हैं कि उस गाँव ने लखनऊ का ये एहसान हमेशा माना।

असर साहब का एक शेर है—

दिल हो शबनम का, आँख शबनम की
ये है मेराज इब्न-ए-आदम की

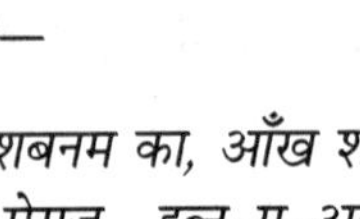

नक्शब, नौशाद और नाशाद

ये उन दिनों की बात है जब फ़िल्मी दुनिया में नौशाद ही नौशाद छाए थे। रतन, शाहजहाँ, दर्द, मेला, अन्दाज़, दुलारी, दास्तान, दीदार आन और बैजू बावरा जैसी फ़िल्मों ने लखनऊ के एक आम लड़के को बम्बई का 'नौशाद साहब' बना दिया था। नौशाद का नाम उन दिनों कामयाबी की गारंटी था। तो सन् 1952–53 में मशहूर गीतकार नक्शब जारचवी बतौर निर्देशक नौशाद साहब के पास आए अपनी फ़िल्म नग़मा के संगीत निर्देशन का प्रस्ताव लेकर। मगर नौशाद ने अपनी व्यस्तता के चलते फ़िल्म में काम करने से मना कर दिया। गीतकार के बतौर नक्शब की भी उन दिनों काफ़ी प्रतिष्ठा थी। ग़ौरतलब है कि ये वही नक्शब थे जिन्होंने लता मंगेशकर का पहला सुपरहिट गाना 'आएगा आने वाला लिखा' था।

नौशाद के इनकार ने नक्शब के अहं को ठेस पहुँचाई। सो नक्शब पहुँचे एक ऐसे शख़्स के पास जो कभी नौशाद के असिस्टेंट के बतौर काम कर चुका था और कुछ एक फ़िल्मों में स्वतंत्र तौर पर अच्छा संगीत देने के बावजूद अभी तक संघर्ष कर रहा था। इस शख़्स का मूल नाम था शौकत अली मगर कामयाबी के टोटके में वो अपना नाम कई बार बदल चुका था। कभी शौकत अली, कभी शौकत देहलवी, कभी शौकत हुसैन, कभी शौकत हैदरी। मगर वो नाम जिससे शौकत अली को हश्र के दिन तक पहचाना जाएगा, वो उन्हें

नक्शब ने ही दिया। नक्शब शौकत अली के पास गए और उनसे कहा कि वो उन्हें अपनी फ़िल्म में लेंगे मगर शर्त ये रहेगी कि उन्हें अपना नाम बदलकर 'नाशाद' रखना होगा। जो शख़्स पहले ही कई बार नाम बदल चुका हो, कामयाबी के लिए दर-दर भटक रहा हो और जिसे नक्शब की फ़िल्म का प्रस्ताव मिला हो, वो भला नाम बदलने में क्यों हिचकेगा। उधर नक्शब इस नाम के ज़रिए नौशाद की कामयाबी को अपनी जानिब खींचना चाहते थे, साथ ही उन्हें आईना भी दिखाना चाहते थे। तदबीर रंग लाई। नगमा के गाने सुपरहिट रहे। इस फ़िल्म के बाद नाशाद के पास पहले के मुक़ाबले काफ़ी काम आया और उनका नाम स्थायी तौर पर नाशाद हो गया।

1955 में नाशाद की फ़िल्म बारादरी के संगीत ने क़यामत तोड़ दी। ख़ुमार बाराबंकवी के लिखे तस्वीर बनाता हूँ, भुला नहीं देना, और अबकी बरस बड़ा जुल्म हुआ...जैसे गीत आज भी अमर हैं। ख़ुमार ने नाशाद की कई फ़िल्मों के गाने लिखे हैं, जैसे—दरवाज़ा, बारादरी, जवाब, जल्लाद वग़ैरह। नक्शब तो ख़ैर उनके परमानेंट गीतकार रहे। 1964 में नक्शब के साथ नाशाद भी पाकिस्तान चले गए और वहाँ नक्शब ने अपने निर्देशन में जो सबसे पहली फ़िल्म बनाई—मयख़ाना, उसका कामयाब संगीत भी नाशाद ही ने दिया और उसके बाद हमेशा पाकिस्तान के शिखर संगीतकारों में गिने जाते रहे। मेहँदी हसन के बहुत से कालजयी नगमे जैसे रफ़्ता-रफ़्ता वो मेरी...ज़िन्दगी में तो सभी....ख़ुदा करे कि मोहब्बत में...वग़ैरह नाशाद के ही संगीतबद्ध किए हुए हैं। हिन्दुस्तान और पाकिस्तान दोनों मुल्कों में लोग नौशाद और नाशाद के बीच अक्सर धोखा खा जाते हैं। हर बार कहीं नक्शब मुस्कुराते होंगे अपनी जाविदां शैतानी पर।

नक्ख़ास, कबूतर और चाय

बहुत पुरानी बात है। कबूतर ख़रीदने की आरज़ू में बाराबंकी के एक तिवारीजी नक्ख़ास पहुँचे। वहाँ उनकी मुलाक़ात एक कबूतर वाले से हुई। जिसके पास दो छोटे-छोटे कबूतर थे। तिवारी जी ने दाम पूछे। उसने जवाब दिया—'पाँच रुपए'। तिवारी जी ख़ामोश रहे। अब कबूतर वाले ने पूछा—'आपके हिसाब से क्या क़ीमत हुई?' जवाब मिला—'तीन रुपए'। उसने कहा—'आप मेरे साथ ग़रीबख़ाने पर तशरीफ ले चलिए। वहाँ इससे अच्छे कबूतर भी हैं।'

चन्द क़दम चलने पर ही कबूतर वाले का घर आ गया। वो बड़े अदब के साथ तिवारी जी को घर के अन्दर ले गया। अपनी बेगम से उनके लिए चाय बनाने को कहा। इसके बाद उसने तमाम तफ़सीलात के साथ अलग-अलग तरह के कबूतर तिवारी जी को दिखाए। लक्का कबूतरों का एक जोड़ा उन्हें भा गया। दाम पूछे। कबूतर वाले ने फ़रमाया—'असली लक्का है साहब। 10 रुपए से कम नक्ख़ास में कोई नहीं देगा। आप ग़रीबख़ाने पर तशरीफ लाए हैं इसलिए आप सात में ले जाइए'। तिवारी जी बोले—'भई तीन रुपए में दीजिए। सात रुपए कबूतरों के बहुत ज़्यादा हैं।' ये सुनकर कबूतर वाला बोला—'चाय बन गई होगी। चलिए वरना ठंडी हो जाएगी।' तिवारी जी बोले—'अरे नहीं। इसकी क्या ज़रूरत। कबूतर मिल जाएँ बस'। कबूतर वाला बोला—'अरे आप आइए

तो सही।' इसके बाद वो उन्हें अपनी बैठक में ले गया। चाय पीने का आग्रह किया। तिवारी जी ने शुक्रिया अदा करते हुए चाय का एक घूँट पिया और फ़रमाया—'कबूतर कितने में देंगे?' कबूतर वाले ने जवाब दिया—'हुज़ूर पहले ये बताइए चाय कैसी बनी है? हमारी बेगम चाय बहुत मज़े की बनाती हैं। उन्हें ये फ़न अपने नाना मरहूम मुनव्वर अली दास्तानगो से मिला। वो भी बहुत अच्छी चाय बनाते थे। यूँ तो वो अपनी क़िस्सागोई के लिए मशहूर थे, मगर मैं आज तक ये फ़ैसला नहीं कर पाया कि उनके क़िस्से ज़्यादा मज़े के होते थे या उनकी चाय। लोग कहते हैं, पहले के दास्तानगो अफ्यून की पिनक में रहते थे। मुझे अब लगता है कि शायद मरहूम अपनी चाय में अफ्यून मिलाते थे। जभी उनकी चाय में एक नशा सा होता था। वैसे मुझे तो बेगम के हाथ की चाय में भी नशा महसूस होता है। आपका क्या ख़याल है?' अब तक तिवारीजी अच्छी तरह समझ चुके थे कि वो लखनऊ वाले से बात कर रहे हैं। जैसे ही उन्होंने लक्का जोड़े की क़ीमत तीन रुपए लगाई थी कबूतर वाले ने उनसे कबूतर के बारे में बात करना बन्द कर दिया था। बाक़ी वो उनसे दुनिया भर की बातें प्रेम से कर रहा था। दरअसल वो तिवारी जी को लखनउवा अन्दाज़ में ये जताना चाहता था कि आप कबूतरों के बारे में कुछ नहीं जानते। इसलिए आपसे कबूतरों पर बात करना बेकार है। आप इसके क़ाबिल ही नहीं। इख़्तिलाफ (असहमति) का ऐसा इज़हार उन्होंने पहली बार देखा था।

तिवारी जी ने चुस्की ली...मुस्कुराए...और कबूतर वाले से कहा—'चाय सचमुच बहुत अच्छी बनी है। शुक्रिया!'

ऐ कातिबे तक़दीर मुझे इतना बता दे

रेडियो पर कुन्दनलाल सहगल का गाना बज रहा था। ऐ कातिबे तक़दीर मुझे इतना बता दे, क्या मेरी ख़ता है, क्या मैंने किया है। किसी ने पूछा कि भाई ये कातिब माने क्या होता है? जवाब में एक पुरानी दास्तां बयान हुई—कातिब माने लिखने वाला। अब बेहद कम बचे हैं। इनकी लिखावट बेहद ख़ूबसूरत होती थी। मानो काग़ज़ की सतह पर गुलज़ार-ए-इरम उतार दिया हो। जब तक टाइपराइटर या कम्प्यूटर टाइपिंग नहीं आई थी, कातिबों की बड़ी धूम थी। क्योंकि उस दौर में कातिब ही पहले किताब को अपनी ख़ूबसूरत लिखावट में लिखते थे और फिर वो छपने के लिए प्रेस में जाती थी। इनके क़िते और तुगरे (अक्षर लिखकर बनाई गई कलाकृति) ऊँचे दामों में बिकते थे।

लखनऊ के कातिब कभी हिन्दुस्तान भर में जाने जाते थे। इनके क़िस्से मशहूर हैं। एक मीर बन्दे अली कातिब थे। उनको हाथ काँपने का रोग था। मगर जैसे ही क़लम को काग़ज़ पे लगाते हाथ फ़ौलाद का बन जाता। मजाल क्या कि बेकाबू हो जाए। एक महफ़िल में लखनऊ के बड़े-बड़े कातिब ज़मा थे। मुंशी हादी अली, मुंशी मोहम्मद यहिया, मुंशी अब्दुल हई संडीलवी, मीर बन्दे अली वग़ैरह-वग़ैरह। तभी एक शख़्स एक ख़ूबसूरत क़िता बेचने आया। उसमें कातिब का नाम नहीं लिखा था। मगर सब अहले-नज़र जमा थे इसलिए ज़रा देर में पहचान हो गई। मालूम हुआ कि ख़ास याकूत के हाथ का है। याकूत

कभी हिन्दुस्तान का सबसे बड़ा कातिब था। उस दुर्लभ क़िते को हर आदमी ने लेना चाहा। तभी मुंशी हादी अली बोले—अगर ये क़िता एक दिन मेरे पास रहे तो मैं इस पर ग़ौर करके बता पाऊँगा कि ये याकूत के हाथ का है या नहीं। बेचने वाले ने क़िता उनको दे दिया।

अगले दिन हादी अली ने उसे वापस कर दिया और बोले—ये वाकई याकूत ही के हाथ का है। मेरे पास याकूत का एक दूसरा क़िता है, मैंने जब उससे इसे मिलाया तो हू-ब-हू वैसा ही था। इसके बाद हादी अली ने दूसरा क़िता भी सामने रख दिया। सबने ग़ौर किया और मान गए कि दोनों याकूत ही के लिखे हुए हैं। मगर मीर बन्दे अली ने मुंशी हादी अली वाले क़िते को ग़ौर से देखा तो मुस्कुराए और उसके नीचे फ़ारसी में लिख दिया—'ईं कार अज़् तो आयद व मर्दां चुनीं कुनन्द' अर्थात् ये काम तूने किया है और मर्द लोग ऐसे ही करते हैं। इस पर मुंशी अब्दुल हई संडीलवी बिगड़े और पूछा—आपको इसके याकूत का होने में शक है? अब मीर बन्दे अली ने उस क़िते में एक 'वाव' का सिरा दिखाया और बोले—ये याकूत का नहीं हो सकता। सब लोग असमंजस में पड़ गए। आख़िर मुंशी हादी अली मुस्कुराए, उस क़िते का एक कोना फाड़ा और काग़ज़ के अन्दर से अपना नाम निकालकर दिखाया। हर आदमी हादी अली की कलाकारी को मान गया। सबने उनकी बहुत तारीफ़ की...और हादी अली ने कहा—मगर मैं तो मीर बन्दे अली साहब की नज़र का कायल हो गया!!!

एक तुरफ़ा तमाशा है, हसरत की तबीयत भी

रकाबगंज से मेडिकल कॉलेज वाले रास्ते पर मौलवी अनवार का बाग़ पड़ता है। मान्यता है कि मानसिक रूप से बीमार लोग यहाँ आकर ठीक हो जाते हैं। मरीज़ों और ख़ैरख़्वाहों की आमदो-रफ़्त यहाँ बराबर बनी रहती है। मगर इनमें से कोई नहीं जानता कि यहाँ मज़ार मौलाना हसरत मोहानी का है। जी हाँ, वही 'चुपके-चुपके रात-दिन आँसू बहाना याद है' का शायर। मगर वो सिर्फ़ शायर नहीं था, हिन्दुस्तानी आज़ादी के सबसे बड़े लड़ाकों में से एक था।

1903 में अलीगढ़ से बी.ए. करने के तुरन्त बाद हसरत ने उर्दू-ए-मुअल्ला नाम का रिसाला शुरू किया। इसमें शुरुआत से ही राजनैतिक लेखों की प्रमुखता रही। 1904 में हसरत ने इसके माध्यम से स्वदेशी का ज़ोरदार समर्थन किया। जब स्वदेशी आन्दोलन का माहौल बनना शुरू ही हुआ था। हसरत ने स्वदेशी को सिर्फ़ लिखा ही नहीं, इसे जीवन में सख़्ती से अपनाया। एक बार एक कड़कड़ाती सर्दी में एक दोस्त के घर रुके। उसने लापरवाही से इन्हें जो कम्बल ओढ़ने को दिया वो इंग्लैंड का बना हुआ था। हसरत ने रातभर सर्दी खाना मंज़ूर किया मगर वो कम्बल नहीं ओढ़ा। इसके बाद अलीगढ़ में हसरत ने मोहानी स्वदेशी स्टोर शुरू किया जिसमें कम दामों पर हिन्दुस्तान के बने कपड़े और कम्बल वग़ैरह मिलते थे। इसके बाद हसरत जब अलीगढ़ से कानपुर गए तो वहाँ भी उन्होंने ख़िलाफ़त स्वदेशी स्टोर लिमिटेड स्थापित किया। शिबली

नोमानी ने उनसे कहा था—'तुम आदमी हो या जिन्न। पहले शायर थे, फिर सियासतदान बने और अब बनिया बन गए हो।'

1907 में हसरत ने उर्दू ए मुअल्ला के ज़रिए सविनय अवज्ञा की बात उठाई। इसके बहुत बाद में 1930 में जब महात्मा गांधी ने सविनय अवज्ञा आन्दोलन छेड़ा तो ये माना कि ये रास्ता हसरत का दिखाया है। 1908 में अंग्रेज़ों के ख़िलाफ़ एक लेख लिखने के आरोप में हसरत को गिरफ़्तार किया गया। 2 साल क़ैद और 500 रुपए जुर्माना लगाया गया। जेल में उन्हें एक मन अनाज रोज़ चक्की से पीसना पड़ता था। मगर ये मशक्कत भी हसरत का हौसला न तोड़ सकी। जेल में उन्होंने ये कहते हुए शायरी जारी रखी कि—

है मश्क-ए-सुखन जारी, चक्की की अज़ीयत भी,
एक तुरफ़ा तमाशा है, हसरत की तबीयत भी।

1909 में सज़ा काट के जब हसरत रिहा हुए तो उनके तेवर पहले से ज़्यादा उग्र थे। उर्दू ए मुअल्ला उन्होंने फिर शुरू किया और एक लेख में पूर्ण स्वराज की हिमायत कर दी...और 1921 में तो उन्होंने कांग्रेस अधिवेशन में बाक़ायदा इसके लिए प्रस्ताव रखा और बहस की। उस वक़्त तो प्रस्ताव ख़ारिज हो गया। क्यूँकि पूर्ण स्वराज के बारे में उस वक़्त तक कांग्रेस नेतृत्व सोच ही नहीं रहा था। लेकिन आख़िरकार 1929 में कांग्रेस ने भी इसको अपनाया।

1951 में लखनऊ में हसरत का इंतकाल हुआ। मौलवी अनवार बाग़ स्थित उनके मज़ार पर उन्हीं का एक शेर लिखा हुआ है—

जहान-ए-शौक़ में मातम बपा है मर्गे हसरत का
वो वजहे पारसा उसकी, वो इश्क़ पाकबाज़ उसका

आरज़ू है मौज के साहिल से टकराने का नाम

एक थे आनन्द नारायन मुल्ला। इलाहाबाद हाईकोर्ट के चीफ़ जस्टिस। उर्दू के नामवर शाइर। थे कश्मीरी बरहमन। मगर नाम था मुल्ला। पक्के लखनवी। 1901 में लखनऊ में पैदा हुए। पिता जगत नारायन भी लखनऊ के नामी वकील थे। पढ़ाई-लिखाई में बचपन से ही तेज़ थे। ख़ासकर उर्दू में। 1923 में आईसीएस के इम्तिहान में बैठे। यहाँ एक दिलचस्प वाक़या हुआ। उर्दू के शाइर, उर्दू के दानिश्वर मुल्ला साहब उर्दू के परचे में ही फेल हो गए। घर में एक हंगामा बरपा हो गया। क्योंकि वालिद साहब ख़ुद उर्दू के विद्वान थे। घर में उर्दू की फ़िज़ा थी। स्कूल-कॉलेज के ज़माने से ही आनन्द नारायन की उर्दू-फ़ारसी शहर में मशहूर हो गई थी। मुल्ला साहब से फेल होने की वजह पूछी गई। पता चला कि उर्दू की बहुत सारी अदबी मान्यताओं से उनके मतभेद थे और ये मतभेद उन्होंने इम्तिहान में जवाब लिखते हुए भी ज़ाहिर कर दिए। कोर्स की किताबों को आँख बन्द करके तस्लीम करना मुल्ला को गवारा न था। नतीजतन उर्दू के परचे में बुरी तरह फेल हुए। काफ़ी दिनों तक लखनऊ में इस बात की चर्चा रही कि पंडित जगत नारायन का बेटा, उर्दू का नौजवान शाइर आनन्द नारायन मुल्ला उर्दू में फेल हो गया। मुल्ला साहब का एक शेर है—

वो कौन हैं जिन्हें तौबा की मिल गई फ़ुर्सत
हमें गुनाह भी करने को ज़िन्दगी कम है

अब उनके बुढ़ापे का क़िस्सा सुनिए। 1967 में देश में लोकसभा चुनाव थे। लखनऊ लोकसभा सीट से कांग्रेस ने शहर के सबसे बड़े पूँजीपतियों में से एक मोहन मीकिन्स वाले वी.आर. मोहन को उम्मीदवार बनाया। भारतीय जनसंघ ने उनके मुक़ाबले पर एक और कद्दावर शख़्सियत आर.सी. शर्मा को आगे किया। उस दौर में लखनऊ में कांग्रेस और जनसंघ के बीच ही मुख्य लड़ाई थी। उसमें भी अपने दबदबे की वजह से वी. आर. मोहन का पलड़ा भारी था। मगर इसी बीच शहरे अदब के अदीबों और बुद्धिजीवियों की नुमाइंदगी करते हुए, रिटायर्ड जस्टिस शायर आनन्द नारायन मुल्ला निर्दलीय उम्मीदवार के तौर पर चुनावी मैदान में उतरे। लोकसभा चुनाव में एक शाइर के जीतने की उम्मीद, वो भी एक निर्दलीय प्रत्याशी के तौर पर, वो भी वी. आर. मोहन के प्रतिद्वंद्वी होते हुए, किसी को नहीं थी। मगर पक्के लखनउआ मुल्ला साहब इससे बेनियाज़ होकर मोर्चे पर डटे थे। उनकी शाइराना मगर ज़ोरदार तक़रीरें देश भर में चर्चा का विषय बन रही थीं। बलराज साहनी उनके प्रचार के लिए ख़ासतौर पर बंबई से लखनऊ आए थे। उधर वी. आर. मोहन भी तन-मन-धन लगाकर पूरे जाहो-जलाल के साथ चुनाव लड़ रहे थे। आर. सी. शर्मा भी अपनी कोशिशों में किसी से कम नहीं थे।

ज़ोरदार टक्कर हुई...और जब नतीजा आया तो उर्दू के इस मुजाहिद ने सरमायादार वी. आर. मोहन को बीस हज़ार से ज़्यादा वोटों से और दमदार आर.सी. शर्मा को तीस हज़ार से ज़्यादा वोटों से हरा दिया था। बक़ौल मुल्ला साहब—

ताबे नाकामी नहीं तो आरज़ू करता है क्या
आरज़ू है मौज के साहिल से टकराने का नाम

क़िस्सा चर्ख़ी नवाब का

ये एक नवाब साहब की रूदाद है जिन्हें लम्बी लम्बी हाँकने की आदत थी। इस आदत ने नवाब साहब को लखनऊ में ख़ूब रुसवा करवाया था। जहाँ नवाब साहब कुछ कहते लोग चर्ख़ी लपेटने का इशारा करने लगते। इस वजह से उनका नाम ही चर्ख़ी नवाब पड़ गया था। बेगम भी नवाब साहब की गप्प से बहुत परेशान थीं। एक सुबह चर्ख़ी नवाब बेगम से बोले कि मैं लखनऊ छोड़कर जा रहा हूँ। अब उसी दिन लखनऊ वालों को अपना मुँह दिखाऊँगा जिस दिन ज़बान पर काबू पा लूँगा। शाम होते-होते चर्ख़ी नवाब ने एक गठरी के साथ लखनऊ छोड़ दिया। बेगम को रात भर नींद न आई। सुबह जब वो अपने कमरे से बाहर निकलीं तो उन्होंने देखा कि नवाब साहब आराम से दालान में सो रहे हैं। उन्होंने जगाकर पूछा कि इतनी जल्दी सुधर गए? नवाब साहब बोले—अमाँ यहाँ जान पे बन आई, आपको सुधरने की पड़ी है। बेगम ने पूछा—हुआ क्या। अब नवाब साहब ने अपनी दास्तान शुरू की...

यहाँ से निकलकर मैं खरामा-खरामा सीधा तराई के जंगलों में पहुँच गया। फिर भूख लगी। अभी गठरी खोली ही थी कि सामने से एक बत्तीस हाथ लम्बा भारी-भरकम शेर आ गया जिसके मुँह में हाथी के दाँत लगे थे। उसे देखकर मुझे पसीना आ गया। आना ही था, मैं गरममिज़ाज जो ठहरा। मैंने बन्दूक निकाली और चाहा के कमबख़्त को गोली मार दूँ। फिर ख़याल आया कि

निहत्थे से निहत्था ही लड़ा जाना चाहिए। सोचा कि इसे ज़मीन पे पटक के मारूँ मगर फिर लगा कि बेचारे की जान लेने से क्या हासिल। बेकार में पाप पड़ेगा। ये सोचकर मैं वहाँ से हटने लगा। मगर शेर ने मुझे पीछे हटता देखकर दौड़ा लिया। छिपने की कोई जगह नहीं थी। मगर मैं भी ठहरा बचपन का होशियार। सामने चने का सौ फुट ऊँचा एक तनावर दरख़्त नज़र आया। मैं पलक झपकते उसकी फुनगी पर जा बैठा। अब शेर क्या कर पाता। नीचे खड़ा खड़ा दहाड़ता रहा। मगर बदक़िस्मती से ग़लत वक़्त पर बदन ने अपना पानी कम करने का तकाज़ा किया। अब जो मैंने ऐसा किया, शेर बहता पानी पकड़कर ऊपर चढ़ने लगा। मगर मैं भी कहाँ कम था अपने आपको फ़ौरन रोक दिया। शेर बेचारा आधे रास्ते से वापस ज़मीन पे जा गिरा और अल्ला को प्यारा हो गया। मगर मुसीबत कम नहीं हुई। शेर के गिरने से ऐसा भयानक जलजला आया कि वो सौ फुट का चने का पेड़ जिसकी फुनगी पर मैं बैठा था, मेरे ऊपर ही गिरने लगा। वो तो कहिए सही वक़्त पर मैंने ज़मीन में लेटे-लेटे दोनों पैर हवा में उठाए और पेड़ को अपने पैरों पर रोक लिया। फिर मैंने पैरों के ज़ोर से उस पेड़ को आसमान में उछाल दिया और भागते-भागते रात ही में यहाँ आ गया।

बेगम ने सर पीटते हुए कहा—आपका कुछ नहीं हो सकता।

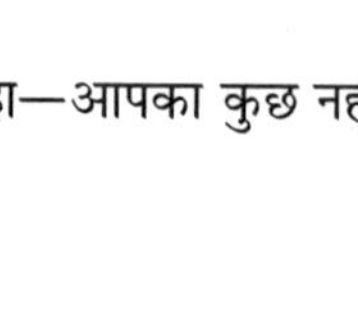

कुछ बालाई के बारे में...

लखनऊ वाले अपने निराले अन्दाज़ के लिए मशहूर हैं। पूरी दुनिया कहती है 'मलाई', लखनऊ में बहुत से लोग कहते हैं 'बालाई'। क्योंकि ये दूध से 'बाला' यानी ऊपर होती है। हालाँकि प्रचलित और जाना-पहचाना लफ़्ज़ तो मलाई ही है, और अब तो लखनऊ में भी यही ज़्यादा चलता है। मगर बालाई के चाहने वाले भी अभी हैं। पुराने शहर में बालाई आज भी ख़ूब मिलती है। मिट्टी की छोटी-छोटी प्यालियों में ख़ूबसूरती से जमाई गई। और इसके साथ ही मिलते हैं इससे जुड़े बेशुमार क़िस्से।

एक नवाब साहब थे जो शाम होते ही अफ़ीम की पिनक में घिर जाते थे। उनको वहम और शक़ की भी बीमारी थी। इस क़दर कि बेचारे अपने साए से भी डरते थे। अपने अलावा और किसी पर भरोसा नहीं करते थे। उन्हें लगता था जैसे ऊपर वाले ने दुनिया उन्हें धोखा देने के लिए ही बनाई है। बीवी-बच्चों तक पे एतबार नहीं था। नौकरों को तो हर हफ़्ते बदल देते थे। सबसे ज़्यादा शिकायत उनको उन नौकरों से थी जिनके हिस्से उन्हें रात को दूध पेश करने की ज़िम्मेदारी थी। नवाब साहब को लगता था कि उनकी पिनक का फ़ायदा उठाकर नौकर उनके हिस्से का दूध ख़ुद पी जाते हैं। उन्हें नहीं देते। एक दिन उन्होंने एक नौकर को बुलाया और कहा कि मुझे ईमानदारी से चार पैसे का बढ़िया दूध बाज़ार से लाके रोज़ रात में पिला दिया करो, मैं तुमको सबसे

ज़्यादा तनख़्वाह दूँगा। मगर नौकर भी कम नहीं था। तीन पैसे का दूध नवाब साहब को पिलाता और एक पैसा ख़ुद रख लेता। हफ़्ते भर बाद नवाब साहब ने इसी काम के लिए दूसरा नौकर रखा। पुराने नौकर ने इससे सेटिंग कर ली। ये वाला नौकर दो पैसे का दूध नवाब साहब को पिलाता और एक-एक पैसा दोनों नौकर आपस में बाँट लेते। अब नवाब साहब ने तीसरा नौकर रखा। वो उन्हें एक पैसे का दूध पिलाता और बाक़ी तीन पैसे तीनों नौकर रख लेते। जब आदत के मुताबिक नवाब ने चौथा नौकर रखा तो पहले वाले नौकरों के माथे पर बल पड़े। सोचा कि चौथे नौकर से साँठ-गाँठ तो हो जाएगी लेकिन अगर चार पैसे में से एक-एक पैसा चारों लोग रखेंगे तो नवाब साहब को दूध कैसे पिलाया जाएगा। आख़िरकार ये मामला चौथे नौकर को बताया गया। मगर वो भी बहुत पहुँची हुई चीज़ था। बोला—तुम लोग अपने काम से काम रखो। मैं अपना काम तुमसे बेहतर जानता हूँ।

शाम होते ही चौथा नौकर बालाई वाले के यहाँ से मुफ़्त में थोड़ी सी बालाई माँग लाया ये कहते हुए कि खाँसी की दवा के लिए चाहिए। घर लाकर वो बालाई इसने पिनक में बेसुध नवाब साहब की मूँछों पर लगा दी। सुबह जब वो सोकर उठे तो ज़बान होंठ पर गई। बालाई की लज़्ज़त पाकर नवाब साहब खिल गए। फ़ौरन चौथे नौकर को बुलाया और फ़रमाया—आज से तुम्हारी नौकरी हमेशा के लिए पक्की। मैं तुम्हारी ईमानदारी का कायल हो गया। कैसा गाढ़ा दूध पिलाया कि बालाई सुबह तक मूँछ पर लगी है।

चमन में इख़्तेलाते रंगो बू से बात बनती है

बुज़ुर्गों ने फ़रमाया है कि चमन में इख़्तेलाते रंगो बू से बात बनती है। तो ज़िक्र इसी इख़्तेलात (मेल-मिलाप) का जो लखनऊ की पेशानी का नूर है। नवाब आसफुद्दौला मुसलमान थे। उनके वज़ीरे ख़ज़ाना राजा झाऊलाल हिन्दू थे। मगर उनकी दोस्ती ऐसी थी कि फ़रिश्ते बलाएँ लें। राजा झाऊलाल नवाब शुजाउद्दौला के ज़माने से अवध सल्तनत की ख़िदमत में लगे थे। दरबार और अवाम में इनकी बड़ी प्रतिष्ठा थी। जब आसफुद्दौला अपनी माँ से नाराज़ होकर फैज़ाबाद से लखनऊ आ गए और पैसा वसूलने के लिए माँ से लड़ने पर आमादा हो गए तब झाऊलाल ने फैज़ाबाद में डटकर बहू-बेगम का साथ दिया था। इतना ही नहीं उन्होंने आसफुद्दौला को समझाया कि लेन-देन का मामला अलग रहा पर बुज़ुर्गों के साथ बेअदबी अच्छी बात नहीं।

इसके बाद जब आसफुद्दौला ने लखनऊ में अपना दरबार जमा लिया तो झाऊलाल की प्रतिभा, निष्ठा और प्रतिष्ठा को समझकर उन्हें लखनऊ बुला लिया और अपना ख़ास वज़ीर और सलाहकार मुकर्रर किया। दोनों एक दूसरे के धर्म को लेकर बेहद उदार थे। आसफुद्दौला का होली खेलना मशहूर है। राजा झाऊलाल इमाम हुसैन के शैदाई थे और कर्बला की ज़ियारत तक कर चुके थे। उनकी मौत भी कर्बला में ही हुई। आसफुद्दौला और झाऊलाल की दोस्ती से उपजे सद्भाव की यादगारें शहर में आज भी मौजूद हैं। नवाब ने

हरदोई रोड पर बाबा हज़ारा, बाबा गोमतीदास और कल्याणगिरि का मन्दिर बनवाया, तो इसी के पास राजा झाऊलाल ने इमामबाड़ा बैतुलमाल और मस्जिद बनवाई।

1797 में अंग्रेज़ गवर्नर सर जॉन शोर ने आसफुद्दौला पर एक अन्यायपूर्ण समझौते का दबाव बनाया। आसफुद्दौला ने झाऊलाल की सलाह लेने के बाद इस समझौते से इनकार कर दिया। अंग्रेज़ों ने इसका ज़िम्मेदार झाऊलाल को माना क्योंकि नवाब उन्हीं की सलाह से काम करते थे। इसके बाद अंग्रेज़ों ने आसफुद्दौला पर दबाव बनाकर झाऊलाल को पहले पद से हटवाया और फिर अंग्रेज़ों की मुख़ालफ़त के इल्ज़ाम में गिरफ़्तार करके पटना भिजवा दिया। इसके बाद जो हुआ वो दोस्ती और लखनऊ दोनों की तारीख़ में एक मिसाल है। झाऊलाल की जुदाई ने आसफुद्दौला को एकदम तोड़ दिया। दोस्त के साथ हुआ सितम वो भुला नहीं पाए। इस वाक़िये से नवाब इस क़दर ग़मजदा हुए कि गहरे अवसाद में चले गए। एक दिन उन्होंने अपने हकीम को बुलवाया और उससे पूछा—क्या कोई ऐसी बीमारी है जिसका इलाज मुमकिन न हो और आदमी जल्द से जल्द मर जाए। हकीम बोला कि अगर इनसान खाना खाने के तुरन्त बाद रोज़ देर तक पानी में नहाए तो उसे कोई नहीं बचा सकता। इसके बाद आसफुद्दौला ने इसको अपना नियम बना लिया। दोपहर और रात में खाना खाने के बाद वे सीधा गोमती की तरफ़ जाते थे और पानी में कमर तक उतरकर देर तक नहाते थे। नतीजतन बहुत जल्दी उनकी तबीयत ख़राब हो गई। इलाज उन्हें करवाना भी नहीं था और हो भी नहीं सका। आख़िरकार एक दिन नवाब दुनिया-ए-फानी से कूच कर गए।

ये मौत नहीं थी, एक ख़ुदकुशी थी जो एक मुसलमान ने एक हिन्दू दोस्त के फ़िराक़ में की थी।

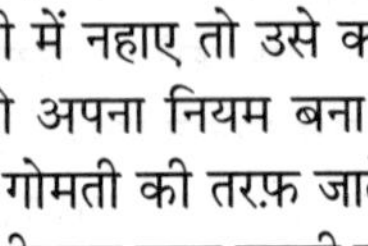

एक थे मीर मुबारक हुसैन

एक थे मीर मुबारक हुसैन। लखनऊ की पुरानी और पारम्परिक सैन्यकला के आख़िरी उस्ताद। इस विषय पर उन्होंने फने-सिपहगरी (सैन्यकला) नाम की एक किताब भी लिखी है। उनका इंतक़ाल जनवरी, 1990 में हुआ। मुबारक हुसैन के कुछ आँखों देखे क़िस्से नैयर मसूद साहब ने लिखे हैं। इनमें से एक कुछ यूँ है कि एक दफ़ा एक पीर साहब अपने मुरीदों के साथ किसी दूसरे शहर से लखनऊ तशरीफ लाए। ये पीर साहब फने-सिपहगरी के उस्ताद थे और सिर्फ़ उसी शख़्स को अपनी शागिर्दी में लेते थे जो सिपहगरी में दिलचस्पी रखता हो। उन्होंने अपने शागिर्दों से कहा कि पता करो लखनऊ में सिपहगरी का सबसे अच्छा जानकार कौन है, मैं उसका हुनर देखना चाहता हूँ। बात मुबारक हुसैन तक पहुँची और वो अपना जौहर दिखाने को राज़ी हुए।

पीर साहब अपने दस-बारह शागिर्दों के साथ मुक़ाबले के लिए तशरीफ लाए। मुबारक हुसैन अकेले हाज़िर हुए। उन्होंने पीर साहब से पूछा कि आपकी सबसे ज़्यादा दिलचस्पी किस हथियार में है? पीर ने जवाब दिया—भाले में। मैंने अपने सब मुरीदों को भी भाले की लड़ाई में पारंगत कर दिया है। इस पर मुबारक हुसैन ने सब मुरीदों को एक-एक लाठी तक़सीम की और कहा कि इसका इस्तेमाल आप लोग भाले की तरह करें मैं सिर्फ़ वार बचाऊँगा, आप पर चोट नहीं करूँगा। पर आप लोग इसका ख़याल रखिएगा कि आपके हाथों से

आप ही का साथी चोट न खा जाए। इसके बाद मुबारक हुसैन दीवार से पीठ लगाकर खड़े हो गए। मुरीदों ने हमला किया। पलक भी न झपकी थी कि मुबारक लपके और वार ख़ाली। मुख़ालिफ़ीन ने दोबारा हमला किया, मुबारक फिर लपके और लाठियाँ फिर दीवार पर पड़ीं। मगर इस बार मुबारक के एक हाथ में एक शागिर्द की लाठी और दूसरे में उस शागिर्द की गर्दन दिखाई दे रही थी। मुबारक ने उसे गर्दन पकड़कर पीछे की तरफ़ इस अदा से झुकाया कि उसके हाथ-पैर ढीले पड़ गए और मुबारक उसे ढाल बनाकर उसके पीछे छिप गए। अब जो हमला हुआ तो सामने पीर साहब का ही आदमी था और मुबारक साहब की दूसरे हाथ की लाठी भी वार बचा रही थी। इसके बाद उन्होंने उसे छोड़ दिया और कहा कि अब तक मुझे पीठ की तरफ़ से दीवार का सहारा था। अब मैं खुले में आता हूँ। खुले में हमला हुआ तो उन्होंने एक नहीं बल्कि दो हमलावरों को गर्दन से पकड़कर अपनी ढाल बनाया। एक को सामने से और एक को पीठ की तरफ़ से। फिर पुकारकर बोले—ख़याल रखिएगा ये आप ही के आदमी हैं। इसके बाद उनकी तरफ़ आता हर वार इसलिए रुक जाता कि सामने अपने ही आदमी थे।

पीर साहब ये मुक़ाबला देखने के बाद मुबारक हुसैन का लोहा मान गए। बोले कि ऐसा अद्‌भुत वार बचाने वाला मैंने पूरे हिन्दुस्तान में नहीं देखा। उन्होंने मीर मुबारक हुसैन से आग्रह किया कि वे उनके शागिर्दों को भाले के जौहर सिखाएँ। उन्हें अभी बहुत सीखना है।

पैदा कहाँ हैं ऐसे परागंदा-तबा लोग...

नैयर मसूद साहब लिखते हैं कि नवाबी के ज़माने में जब लखनऊ की सैन्यकला अपनी मेराज पर थी तब भी मुबारक हुसैन की बराबरी का कोई उस्ताद लखनऊ में कोई नहीं था। मुबारक साहब सिपहगरी के उस्ताद थे मगर बहुत लम्बे-तड़ंगे, हट्टे-कट्टे न होकर नाटे और हल्के बदन के आदमी थे। गदा को छोड़कर बाक़ी ज़्यादातर हथियारों में उन्हें महारत हासिल थी। इनका विस्तृत वर्णन मुबारक साहब ने अपनी किताब फने सिपहगरी में किया है। मुबारक साहब को सिपहगरी के ऐसे-ऐसे करतब और दाँव-पेंच आते थे जो आज अविश्वसनीय से मालूम होते हैं। बुढ़ापे में उनकी आँखों की रोशनी बहुत कम हो गई थी।

इसी दौरान एक शाम नैयर मसूद साहब ने देखा कि उस्ताद सड़क किनारे खड़े कुछ बड़बड़ा रहे हैं। एक साइकिल उनके पैरों के पास पड़ी है। पूछने पर बताया कि एक साइकिल वाले ने उन्हें टक्कर मार दी और इसके बाद अन्धा कहकर सम्बोधित किया। इस पर उस्ताद ने जवाब दिया कि मैं तो हक़ीक़त में अन्धा हूँ। पर तुम्हारी आँखें तो सही-सलामत हैं, तुमको क्यों नहीं दिखा कि सामने से एक बूढ़ा आ रहा है जिसे कम दिखाई देता है। ये बात सुनकर साइकिल वाले को और ज़्यादा ग़ुस्सा आ गया और उसने उस्ताद पर साइकिल चढ़ा दी। ये सुनकर नैयर साहब और उनके साथियों ने ग़ुस्से और हैरत के साथ पूछा कि

उस्ताद आप पर साइकिल चढ़ा दी? फिर क्या हुआ? उस्ताद लखनउवा अन्दाज़ में बोले—होना क्या था? इधर साइकिल पड़ी है और उधर ख़ुदबदौलत अपने कपड़े झाड़ रहे हैं। इन लोगों ने जब दूसरी तरफ़ देखा तो पाया कि सचमुच एक हट्टा-कट्टा आदमी अपने कपड़ों पर लगी धूल-मिट्टी झाड़ रहा है। फिर वो लँगड़ाता हुआ आया, उस्ताद से बचते हुए साइकिल उठाई और बिना कुछ कहे वहाँ से निकल लिया। उस्ताद ने जईफी के बावजूद पता नहीं कौन सा दाँव लगाकर उस हट्टे-कट्टे आदमी को सड़क के दूसरी तरफ़ पटक दिया था। एक क़िस्सा उनका ये भी मिलता है कि अली ज़हीर उर्फ़ प्यारे जानी जो कि लखनऊ के जाने-माने पहलवान थे, एक बार उस्ताद ने एक ख़ंजर उनके हाथ में दिया और उसकी धार को चुटकी से दम लगाकर पकड़ लिया। इसके बाद उस्ताद प्यारे जानी से बोले कि वोह ख़ंजर को उनके हाथ से छुड़ा के दिखाएँ। प्यारे जानी ने बहुत कोशिश दी। झटके पर झटके दिए। बहुत दम लगाया। मगर उस्ताद की चुटकी से ख़ंजर नहीं छुड़ा पाए। जबकि ये वही प्यारे जानी थे जिनके बारे में मशहूर था कि वो एक भैंसे के बराबर ताक़त रखते हैं।

पैदा कहाँ हैं ऐसे परागंदा-तबा लोग
अफ़सोस तुमको 'मीर' से सोहबत नहीं रही

—मीर तक़ी मीर

तारीफ़ तो मिलती है रोज़ी-रोटी नहीं

ये क़िस्सा मशहूर संगीतकार नौशाद सुनाते थे। जिसे उन्होंने अपने उस्ताद मशहूर सितारवादक यूसुफ़ अली खाँ से सुना था। कई बरस पहले लखनऊ में संगीत के एक जाने-माने उस्ताद थे, जो बाद में गुमनामी के अँधेरों में खो गए। इनके बारे में मशहूर था कि ये किसी को अपना शागिर्द नहीं बनाते थे। जबकि दूर-दूर से लोग इनकी शागिर्दी पाने की आरज़ू लेकर आते थे। आख़िरकार एक संगीत प्रेमी लड़का उस्ताद की ख़िदमत में इस तरह बिछ गया कि उस्ताद उसे अपनी शागिर्दी में लेने पर राज़ी हो गए। पर एक शर्त के साथ कि शागिर्द उनसे गाना सीखेगा तो लेकिन ज़िन्दगी भर किसी सभा, समारोह या महफ़िल में नहीं गाएगा। बहरहाल लड़के ने इस शर्त को ख़ुशी से कुबूल कर लिया।

उस्ताद ने लड़के को अपने घर में रखकर कई बरस तक संगीत सिखाया। धीरे-धीरे लखनऊ में हर तरफ़ लड़के की गायकी की चर्चा होने लगी। एक बार शहर में एक बड़ा संगीत सम्मेलन होने वाला था जिसमें पूरे भारत से कलाकार और कलाप्रेमी शिरकत कर रहे थे। लड़के के दोस्तों और दूसरे लोगों ने लड़के से बार-बार कहा कि वो इस सम्मेलन में ज़रूर गाए। ऐसा करने से वो अपने उस्ताद की तरह पूरे हिन्दुस्तान में मशहूर हो जाएगा। अब लड़का भी सोचने लगा कि कम से कम एक बार तो उसे अपनी कला का सार्वजनिक प्रदर्शन करना ही चाहिए। लेकिन उस्ताद की इजाज़त के बिना ये मुमकिन नहीं था।

सो लड़का उस्ताद के पास गया और बहुत विनम्रता के साथ उनसे अनुरोध किया कि उसे सिर्फ़ एक बार सार्वजनिक प्रस्तुति की इजाज़त दे दी जाए। काफ़ी मनाने पर उस्ताद मान गए पर शर्त ये लगाई कि वो ख़ुद भी उस समारोह में मौजूद रहेंगे। आख़िरकार उस्ताद और शागिर्द दोनों सम्मेलन में गए।

जब लड़का गाने आया तो उस्ताद ने मंच के ठीक आगे अपना अँगोछा बिछाया और वहीं बैठ गए। लड़के के गाना शुरू करते ही लोग मस्त हो गए और मंच की तरफ़ हाथ उछाल-उछालकर दाद देने लगे। उस्ताद दाद के डोंगरों को क्रिकेट खिलाड़ी की तरह हवा में लपककर अँगोछे में रखने का स्वाँग करने लगे। प्रदर्शन ख़त्म होने पर सम्मेलन में लड़के की धूम मच गई। उस्ताद ने उस अँगोछे को गठरी की तरह बाँधा और पीठ पर लादकर चलने लगे तो शागिर्द ने हैरत के साथ इस नाटक की वजह पूछी। उस्ताद ने बेहद सहजता के साथ कहा कि इस गठरी में उसकी कला का मेहनताना बँधा है। इसी मेहनताने से वो गृहस्थी चलाएँगे, इसी से आटा-दाल आएगा, इसी से कपड़े सिलवाएँगे इसी से मकान की मरम्मत होगी। अब शागिर्द को माजरा समझ में आया। इसके बाद उस्ताद ने उसे झिड़कते हुए कहा कि इसीलिए सभाओं में गाने को मना किया था। यहाँ कला को सिर्फ़ तारीफ़ मिलती है, कलाकार की रोज़ी-रोटी के बारे में कोई नहीं सोचता।

इन्तिज़ार-ए-सुब्ह में शब भर रहा है लखनऊ

लखनऊ अपने वज़ादारों और वज़ादारी के लिए मशहूर रहा है। वज़ादारी से मुराद उन ख़ास आदतों, रविश और तौर-तरीक़ों से है जो किसी तहज़ीब की पहचान हैं। वज़ादार किसी भी आलम में अपनी वज़ा को छोड़ना गवारा नहीं करते।

चौक में एक हैदर साहब थे। अपनी वज़ादारी के लिए मशहूर। एक शाम हवाख़ोरी के लिए घर से निकले तो सामने से आ रहे जान-पहचान के एक बुज़ुर्ग ने इन्हें आदाब किया, मगर साथ ही मुस्कुरा भी दिए। ये ख़िलाफ़-ए-तहज़ीब हरकत थी। बहरहाल हैदर साहब ने उन्हें जवाब में आदाब किया और आगे बढ़ गए। मगर उनका ध्यान बराबर बुज़ुर्ग के मुस्कुराने पर ही लगा रहा। उन्हें समझ ही नहीं आया कि बुज़ुर्ग ने ऐसा क्यों किया। आख़िरकार जब हैदर साहब ने बहुत ग़ौर से अपनी वेश-भूषा का मुआयना किया तो पाया कि उनके अँगरखे का डोरा खुला हुआ था। दरअसल घर से निकलते हुए वो इसे बाँधना भूल गए थे। उन्हें बड़ी शर्मिन्दगी महसूस हुई...और फिर इस शर्मिन्दगी से निजात इस तरह पाई गई कि इसके बाद उन्होंने ज़िन्दगी भर अँगरखे का डोरा नहीं बाँधा और यही खुले डोरे का अँगरखा उनकी वज़ादारी में शामिल हो गया। इससे पता चलता है कि बाज़ दफ़ा कई चीज़ें इत्तेफ़ाक़न भी तहज़ीब का हिस्सा बन जाती हैं। इत्तेफ़ाक़ कई बार बेतरतीबी को भी तरतीब अता कर देता है।

क़िस्सा क़िस्सा लखनउवा

एक क़िस्सा ये है कि सैयद असग़र हुसैन नरही में रहते थे और सुलेमान कद्र मौलवीगंज में रहते थे। ये दोनों हर शाम हवाख़ोरी के लिए अपनी-अपनी सवारियों पर निकलते थे और हर रोज़ मेडिकल कॉलेज के पीछे वाली सड़क पर एक निश्चित समय पर दोनों की मुलाक़ात होती थी। ऐसा करना इनकी वज़ादारी में दाख़िल था। जबकि उस वक़्त फोन नहीं होते थे। दोनों दोस्त अपने हिसाब से कुछ ऐसे वक़्त पर घर से बाहर निकलते थे कि मुकर्रर वक़्त पर उसी मख़सूस जगह पर एक-दूसरे से टकरा जाते थे। इसी तरह मिर्ज़ा बहादुर मिर्ज़ा अली अब्बास की ये वज़ादारी मशहूर थी कि वो अपनी तमाम अज़ीज़ों और दोस्तों की ख़ैरियत रोज़ाना दरयाफ़्त करवाते थे। कहीं से अगर किसी की परेशानी या बीमारी की ख़बर मिलती तो उसकी यथासम्भव मदद करना भी उनकी वज़ादारी में शामिल था।

ये है लखनऊ। वज़ादारी का मर्कज़। तहज़ीब की जन्नत, चश्म-ए-बद्दूर!

ऐसी शामें भी यहाँ पिछले दिनों गुज़री हैं जब
इन्तिज़ार-ए-सुब्ह में शब भर रहा है लखनऊ
वज़ादारी ये के हिजरत करने वालों के लिए
एक मुद्दत तक ब चश्म-ए-तर रहा है लखनऊ

—वाली आसी

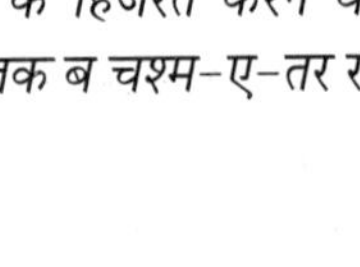

हश्र में भी ख़ुसरवाना शान से जाएँगे हम

गोलागंज के सिड़े हैदरी खाँ का क़िस्सा आपने सुना है। खाँ साहब बादशाह ग़ाज़िउद्दीन हैदर के दरबार को ये कहकर छोड़ आए थे कि मुझे दोबारा यहाँ न बुलाइएगा, आप मर गए तो लखनऊ को दूसरा बादशाह मिल जाएगा मगर मैं मर गया तो लखनऊ को दूसरा हैदरी खाँ नहीं मिलेगा। हैदरी खाँ लखनऊ के अवाम की ख़ुद्दारी और कलंदरी के ज़ामिन हैं। आज क़िस्सा इन्हीं हैदरी खाँ के एक शागिर्द का, जिसने अपने उस्ताद ही की तरह दरबारी बुलावे को ठोकर मार दी।

हैदरी खाँ के इस लायक़ शागिर्द का नाम था मीर अली जो कि सादत अली खाँ के ज़माने का मशहूर सोज़ख़्वान था। मीर अली लखनऊ के एक मुहज़्ज़ब ख़ानदान में पैदा हुए। सोज़ इस तरह पढ़ते थे कि सुनने वाले सरापा दर्द बन जाते। उन्होंने सोज़ख़्वानी का अपना ख़ास अन्दाज़ मकबूल किया था जिसकी नकल दूसरे सोज़ख्वान भी करते थे। पूरे लखनऊ में उनके गले की धूम थी, हो भी क्यों न हैदरी खाँ के शागिर्द जो ठहरे। मौसीक़ी के साथ-साथ उन्होंने उस्ताद से उनकी अना और ख़ुद्दारी भी पाई। नवाब सादत अली खाँ ने जब उनकी सोज़ख़्वानी की चर्चा सुनी तो उन्हें शाही दरबार में सोज़ख़्वानी पढ़ने को बुलवाया। उस दौर में कलाकार शाही दरबार से जुड़ने को सिर्फ़ अपनी ख़ुशनसीबी ही नहीं समझते थे बल्कि इसके लिए तमाम जोड़-तोड़ में भी लगे रहते थे।

मगर मीर अली ने शाहे अवध के बुलावे को ये कहकर ठुकरा दिया कि अगर वो बादशाह हैं तो मैं भी शरीफ़ज़ादा हूँ, वो मेरे पास क्यों नहीं आए। इस तरह एक मामूली चोबदार से बुलवाने का क्या मतलब?

दरबार के बुलावे को ठुकराकर मीर अली ने अपने उस्ताद की परम्परा को आगे बढ़ाया। पूरे लखनऊ में इस बात की चर्चा हुई। मगर मीर अली जानते थे कि इसका ख़मियाज़ा उन्हें देर-सबेर भुगतना पड़ सकता है। क्योंकि उन्होंने राजसत्ता के अभिमान को ठोकर लगाई है। सो मीर अली ने जल्द-अज़-जल्द लखनऊ छोड़कर दकन जाने का फ़ैसला किया। लेकिन मशहूर शाइर इंशा अल्ला खाँ इंशा ने उन्हें समझा-बुझाकर रोक लिया। इंशा दरबार के क़रीबी थे। उन्होंने नवाब से भी इस सिलसिले में बात की। आख़िरकार नवाब ने मीर अली की अज़मत को समझा और उन्हें खिलअत (सम्मान-वस्त्र) देकर सम्मानित किया। इतना ही नहीं नवाब ने मीर अली के लिए दरबार की तरफ़ से दो सौ रुपए महीने का वज़ीफ़ा भी मुकर्रर किया। ये अलग बात है कि मीर अली दरबारी जाहो-जलाल से हमेशा बेनियाज़ रहे। शाइर-ए-इंक़लाब जोश मलीहाबादी का एक शेर है—

हश्र में भी ख़ुसरवाना शान से जाएँगे हम
और अगर पुरसिश न होगी तो पलट आएँगे हम

तेरा हिज्र मेरा नसीब है...

एक थे कब्बन मिर्ज़ा। वही जिन्होंने कमाल अमरोही की फ़िल्म रज़िया सुल्तान के दो अमर गीत गाए—आई ज़ंजीर की झंकार ख़ुदा ख़ैर करे...और तेरा हिज्र मेरा नसीब है...मिर्ज़ा साहब 1936 में पुराने लखनऊ के बाग़ शेर जंग इलाक़े में पैदा हुए। इंतकाल 2003 में मुंबई में हुआ। कम ही लोग जानते हैं कि कब्बन साहब लखनऊ के सीदी समुदाय से ताल्लुक रखते थे। यानी अफ्रीकी मूल के वो लोग जो नवाबों के ज़माने में ग़ुलाम के बतौर लखनऊ लाए गए और बाद में पूरी तरह यहीं के हो गए। गुज़रे ज़माने में इन्हें हबश वाले या हब्शी भी कहा जाता था। लखनऊ की तारीख़ में कुछ सीदी बहुत मशहूर रहे हैं—इनमें दाराब अली खाँ, दयानतुद्दौला और शीदी अमजद बहुत मशहूर हैं। दाराब अली खाँ का बनवाया इमामबाड़ा मौलवी गंज में आज भी ठीक-ठाक हालत में मौजूद है। दिलचस्प बात ये है कि इस इमामबाड़े की तामीर के वक़्त दाराब अली खाँ ये वसीयत कर गए थे कि इसका मुतवल्ली हमेशा एक सीदी ही रहेगा।

लखनऊ का मोहर्रम एक दौर में सीदियों के बिना मुकम्मल ही नहीं होता था। सीदियों का ज़ंजीर का मातम और नौहे बहुत मशहूर थे। कब्बन मिर्ज़ा भी मूलत: एक नौहाख़्वाँ ही थे। घरवालों के मुताबिक बहुत कम उम्र से ही वे नौहे याद करने और गाने का अभ्यास करने लगे थे। बहुत दिलचस्प अन्दाज़ में घड़े

में मुँह डालकर अभ्यास किया करते थे। कब्बन साहब के जवान होने के साथ-साथ उनकी आवाज़ भी जवान होती गई। इसी आवाज़ ने उन्हें पहले ऑल इंडिया रेडियो के माइक तक और फिर माइक के ज़रिए घर-घर पहुँचाया। ऑल इंडिया रेडियो के संगीत सरिता और हवामहल जैसे लोकप्रिय कार्यक्रमों की लोकप्रियता की एक वजह कब्बन मिर्ज़ा भी थे। ऑल इंडिया रेडियो ने ही उनसे लखनऊ छुड़वाया मगर वे कहीं भी रहे मोहर्रम के महीने में हमेशा लखनऊ आते रहे और नौहे भी पढ़ते रहे।

नौहाख़्वाँ और रेडियो उद्घोषक के तौर पर कब्बन मिर्ज़ा पहले ही जाना-पहचाना नाम थे। कमाल अमरोही की फ़िल्म रज़िया सुल्तान के ज़रिए वे प्लेबैक सिंगर के तौर पर भी मशहूर हो गए। इस फ़िल्म में धर्मेन्द्र ने एक हब्शी गुलाम याक़ूत का किरदार निभाया था जिसके लिए कमाल अमरोही को गायक की तलाश थी। पर बहुत कोशिशों और ढेर सारे ऑडिशंस के बाद भी उन्हें कोई ऐसी आवाज़ न मिली जो हब्शी के किरदार पर फिट हो सके। फिर एक दिन एस. अली रज़ा ने कमाल अमरोही को कब्बन मिर्ज़ा का नाम सुझाया। लखनऊ के होने की वजह से रज़ा कब्बन मिर्ज़ा को अच्छी तरह जानते थे और कमाल अमरोही ने भी कब्बन मिर्ज़ा की आवाज़ सुन रखी थी और संगीत सरिता के चलते वो ये भी जानते थे कि कब्बन मिर्ज़ा को संगीत की जानकारी है। वो फ़ौरन कब्बन मिर्ज़ा के नाम पर राज़ी हो गए...और उसके बाद जो हुआ वो इतिहास है।

मुफ़लिस बना के बख़्श दी दरियादिली मुझे!

जिन्हें संगीत में दिलचस्पी है वो जानते होंगे कि टप्पे के आविष्कारक गुलाम नबी उर्फ शोरी मियाँ नवाब आसफुद्दौला के दरबारी गायक थे। कहने को दरबारी गायक थे मगर मिज़ाज फ़क़ीराना रखते थे। शोरी मियाँ दरबार में जब भी गाते अपनी सख़ावत के लिए मशहूर आसफुद्दौला उन पर सीम-ओ-ज़र की बारिश कर देते पर शोरी मियाँ दरबार से लौटते हुए ज़्यादातर धन-दौलत फ़क़ीरों को बाँट देते, दरबार से मिला सब कुछ दान कर देते।

उसकी नवाज़िशें भी अजीब-ओ-ग़रीब हैं
मुफ़लिस बना के बख़्श दी दरियादिली मुझे!

शोरी मियाँ ने संगीत के साथ कलंदरी भी अपने वालिद से विरसे में पाई थी। उनके वालिद गुलाम रसूल भी आसफुद्दौला के दरबारी गायक थे। उनके बारे में मशहूर था कि उनकी गायकी से इनसान ही नहीं चरिन्द-ओ-परिन्द तक दीवाने हो जाते हैं। मोहम्मद करम इमाम ने अपनी मशहूर किताब मदअनुल मौसिक़ी में उनका एक क़िस्सा बयान किया है। एक बार बसंत के दिन किसी मजलिस में गुलाम रसूल ने बहार का ख़याल कलियन संग करत रँगरेलियाँ...गाना शुरू किया तो एक कोयल कहीं से आकर उनके पास बैठ गई। कोयल की कूक सुन हूक उठी...ये पंक्ति गुलाम रसूल बार-बार कुछ इस अन्दाज़ में गाते कि हर बार इस पंक्ति पर कोयल भी कूक पड़ती। सुनने वाले ये देखकर हैरान

थे। जैसे ही गुलाम रसूल ने गाना बन्द किया वो कोयल परवाज़ कर गई। ये था गुलाम रसूल का जादू।

इसी तरह आख़िरी बादशाह वाजिद अली शाह के ज़माने में रबाब वादक उस्ताद बासत खाँ थे। इनके वालिद छज्जू खाँ दिल्ली दरबार से मुंसलिक थे। लेकिन बासत खाँ को उनके चचा ज्ञान खाँ ने उनके वालिद से गोद लेकर पाला क्योंकि ज्ञान खाँ बेऔलाद थे। उन्होंने बासत खाँ को बारह बरस तक दिन-रात रबाब पर सिर्फ़ सरगम और अलंकारों का रियाज़ करवाया। इसी कठिन अभ्यास के चलते बासत खाँ आज तक रबाब के सबसे बड़े कलाकारों में एक माने जाते हैं। उनके बारे में एक क़िस्सा कुछ यूँ है कि दरबार में एक बार एक संन्यासी आया जो मृदंग बजाता था। अवध दरबार का कोई भी संगीतकार उसके वादन के सामने नहीं टिक सका। सबसे आख़िर में बासत खाँ रबाब लेकर आए। और कुछ इस तरह बजाया जैसे महफ़िल पर अपना ग़लबा ढा रहे हों। बासत खाँ के आगे संन्यासी एकदम फीका पड़ गया। फिर बासत खाँ चुपचाप वहाँ से उठे और चले गए। लेकिन बदक़िस्मती से बाद में खाँ साहब के दाहिने हाथ पर लकवे का हमला हुआ जिसके चलते उन्हें हमेशा के लिए रबाब छोड़ना पड़ा। इसके बाद रबाब में उनकी परम्परा को उनके बेटे मोहम्मद अली खाँ ने आगे बढ़ाया। उस दौर में कहा ये भी गया कि संन्यासी ने अपनी हार के बाद बासत खाँ के ख़िलाफ़ कोई तांत्रिक अनुष्ठान किया था जिसके चलते ऐसा हुआ। रबाब छूटने के बावजूद बासत खाँ गायकी के बल पर दरबार की ज़ीनत बने रहे। उनके सुरों पर फरेफ्ता होकर एक दफ़ा वाजिद अली शाह ने अपना हीरों का हार उन्हें पहना दिया था।

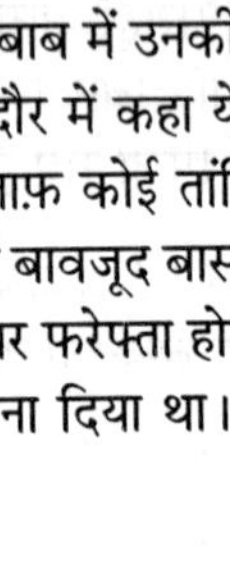

दिल्ली का बदला लखनऊ ने ले लिया

एक ज़माना था जब दिल्ली और लखनऊ की प्रतिद्वंद्विता बहुत मशहूर थी। शायरी से लेकर मौसिकी तक और मुसव्विरी से लेकर दास्तानगोई तक हर जगह दिल्ली और लखनऊ में एक होड़ चला करती थी। गुज़िश्ता दौर में दो शानदार शहरों की इस प्रतिद्वंद्विता ने कई यादगार क़िस्सों को जनम दिया मगर एक क़िस्से ने इनकी सुलह मशहूर कर दी।

तो हुआ यूँ कि सन 1857 में जब भारत ने अपनी आजादी की पहली लड़ाई अंग्रेज़ों के ख़िलाफ़ लड़ी तो दिल्ली में एक अंग्रेज़ फ़ौजी अफ़सर था जिसका नाम था विलियम स्टीफेन हडसन। तारीख़ में ज़रा भी दिलचस्पी रखने वाला आदमी जिसे मेजर हडसन के नाम से बेहतर जानता है। मेजर हडसन यूँ तो अपनी घुड़सवार सैनिकों की रेजिमेंट हडसन हॉर्स के लिए भी मशहूर है और इसलिए भी कि खाक़ी वर्दी की शुरुआत करने वालों में से एक वो था। मगर अपने जिस 'पाप' के लिए हिन्दुस्तान में हडसन को हमेशा याद रखा जाएगा वो था 1857 की लड़ाई में हिन्दुस्तानी लड़ाकों के नेता बहादुरशाह ज़फर की गिरफ़्तारी और मुग़ल शहजादों मिर्ज़ा मुग़ल, मिर्ज़ा खिज्र सुलतान और मिर्ज़ा अबू बक्र की हत्या। सितम्बर, 1857 में हडसन ने हुमायूँ के मकबरे से पहले बहादुरशाह ज़फ़र को गिरफ़्तार किया और इसके बाद शहजादों को। शहजादों को एक बैलगाड़ी में भरकर वो दिल्ली शहर की तरफ़ लाया जहाँ एक दरवाज़े

के पास उसने उन्हें गाड़ी से खींचा। सैकड़ों की भीड़ के सामने उनके ऊपरी कपड़े उतारकर उन्हें नंगा कर दिया, उनके गहने, आभूषण, तलवारें और मोहरें वग़ैरह छीन लीं और इसके बाद उनके बिलकुल क़रीब से गोली मार दी। जिस दरवाज़े के पास शहजादों की हत्या की गई उसे इस वाक़ये के बाद ख़ूनी दरवाज़ा कहा जाने लगा। शहजादों की लाशों को हडसन ने एक कोतवाली के सामने नुमाइश के लिए लगवा दिया ताकि हर आने-जाने वाला उन्हें देखे।

इसके बाद अंग्रेज़ हुकूमत ने हडसन को लखनऊ में क्रान्तिकारियों को दबाने के लिए भेज दिया। मगर लखनऊ में वो ये कांड दोहरा नहीं पाया। मार्च, 1858 में जनपथ की बेगम कोठी के पास एक लड़ाई में लखनऊ के क्रान्तिकारियों ने (जिनमें से ज़्यादातर लखनऊ के आम नागरिक थे) ने हडसन को न सिर्फ़ बुरी तरह हराया बल्कि उसे गोलियों से छलनी भी कर दिया। घायल हालत में ही हडसन को इलाज के लिए कोठी हयातबख़्श (वर्तमान राजभवन) लाया गया जहाँ उसकी मौत हो गई। लामार्टिनियर स्कूल में उसको दफ़ना दिया गया। जहाँ उसकी क़ब्र आज भी मौजूद है। कोठी हयातबख़्श जहाँ हडसन की मौत हुई थी वहाँ उसका भूत होने कि अफ़वाह भी ख़ूब फैली। कुछ लोग आज भी इस पर यक़ीन करते हैं। लखनऊ में हडसन के मारे जाने के बाद एक जुमला पूरे देश में मशहूर हो गया था कि दिल्ली का बदला लखनऊ ने ले लिया। इस तरह दो चिर-प्रतिद्वंद्वी अंग्रेज़ों के ख़िलाफ़ साथ दिखाई दे रहे थे।

ख़लीफ़ा आबिद हुसैन का जादू

लखनऊ घराने के तबलावादकों में ख़लीफ़ा आबिद हुसैन का नाम बहुत सम्मान से लिया जाता है। आबिद हुसैन 1867 में लखनऊ में पैदा हुए। 7 साल की उम्र से ही उन्होंने वालिद मम्मद खाँ से सीखना शुरू कर दिया। मम्मद खाँ की तारीफ़ अब्दुल हलीम शरर ने 'गुज़िश्ता लखनऊ' में की है। आबिद हुसैन बारह साल के हुए कि वालिद का इंतक़ाल हो गया। फिर इन्हें सिखाने की ज़िम्मेदारी बड़े भाई मुन्ने खाँ पर आई जो विलक्षण तबलानवाज़ थे। अगर मुन्ने खाँ ने ख़ुद को लखनऊ तक महदूद न रखा होता और वो कुछ दिन और जी गए होते तो मुन्ने खाँ की शोहरत का आलम ही दूसरा होता। लेकिन 1890 में इनका भी इंतक़ाल हो गया। इसके बाद आबिद हुसैन ने ख़ुद को पूरी तरह तबले की नज्र कर दिया। सालहा साल वो घर के बाहर दिखाई ही नहीं दिए। दिन-रात—रात-दिन बस तबले पर मश्क करते रहे...और फिर यूँ हुआ कि लखनऊ घराने के अगले ख़लीफ़ा कहलाए। शहर में जब मैरिस म्यूज़िक कॉलेज (वर्तमान भातखंडे वि. वि.) खुला तो इन्हें ससम्मान प्रोफ़ेसर के बतौर वहाँ सिखाने के लिए बुलाया गया। ख़लीफ़ा का इंतक़ाल 1936 में हुआ।

आबिद हुसैन का मशहूर क़िस्सा है कि एक बार कथक के नामवर उस्ताद भूरे खाँ लखनऊ तशरीफ लाए। भूरे खाँ के नृत्य के साथ तबला बजा लेना उन दिनों उस्तादी का इम्तहान समझा जाता था। बड़े-बड़े तबलानवाज़ इसमें नाकाम

रहते थे और घबराते थे। लखनऊ आने पर भूरे खाँ ने यहाँ के तबलावादकों को अपने साथ बजाने की चुनौती दी। वो जानते थे कि इस चुनौती को केवल आबिद हुसैन ही स्वीकार कर सकते हैं। उस वक़्त आबिद साहब के कमसिन भतीजे वाजिद हुसैन (जो बाद में उनके दामाद और उत्तराधिकारी हुए) भी वहाँ मौजूद थे। आबिद साहब ने भूरे खाँ से कहा कि दूसरों से पहले वो एक बार इस बच्चे को अपने साथ बजाने का मौक़ा दें ताकि ताहयात वो याद रखे कि उसे कभी भूरे खाँ के साथ बजाने का मौक़ा मिला था। भूरे खाँ मान गए और बच्चे का हौसला बढ़ाने के लिए दो-चार तोड़े पेश कर दिए। इसके बाद आबिद साहब से बोले—आपकी ख़्वाहिश मैंने पूरी कर दी। अब आप मेरी ख़्वाहिश पूरी कीजिए, मैदान में आइए। ख़लीफ़ा आबिद हुसैन इस वक्फे में भूरे खाँ के तोड़ों को गहराई से परख और समझ चुके थे। वो सामने आए और तबले पर एक चक्करदार परन बजाई और कहा कि उस्ताद भूरे खाँ का सारा फ़न इस परन के घेरे में क़ैद है। अब वो चाहे जहाँ से नाचना शुरू करें, सम पर यहीं आएँगे।

भूरे खाँ ने यह सुना तो हक्के-बक्के रह गए। आबिद हुसैन को गले लगाया और कहा कि उनके रक्स की ऐसी हदबन्दी सिर्फ़ आबिद हुसैन ही कर सकते हैं। ये करिश्मा आबिद हुसैन के लिए मामूली बात थी क्योंकि इसका रियाज़ उन्हें उनके बड़े भाई मुन्ने खाँ ने, (जो कथकाचार्य बिन्दा-कालका के स्थायी संगतकार थे) बहुत कम उम्र में करवा दिया था।

हिन्दुस्तानी संगीत के अध्येता जेम्स किपेन ने भी तबलानवाज़ ख़लीफ़ा आबिद हुसैन का एक क़िस्सा लिखा है। दिसम्बर, 1920 में ख़लीफ़ा हज के लिए रवाना हुए और दो-तीन महीने बाद वापस आए। हज से लौटने के बाद ख़लीफ़ा ने कुछ महीनों तक तबला बजाना छोड़ दिया। क्योंकि हज के दौरान वो इस ख़याल से मुतासिर हुए कि इस्लाम के मुताबिक़ तबला जायज़ नहीं। वो ख़लीफ़ा जो दिन में आठ-दस घंटे रियाज़ में बिताते थे उन्होंने आठ-दस महीने तक तबला छुआ तक नहीं। फिर एक दिन कुछ ऐसा हुआ कि उन्होंने तबले पर वापसी की और वापसी भी ऐसी कि जिसकी कहानी अब तक सुनाई जाती है।

हुआ ये कि ख़लीफ़ा के तबलावादन छोड़ने के आठ-दस महीने बाद लयदारी के एक धुरंधर उस्ताद लखनऊ आए। उनका गायन अद्‌भुत था। पूरे भारत के

'म्यूज़िक टूर' पर निकले थे और जहाँ-जहाँ भी गए थे कोई तबलावादक उनके साथ ठीक से नहीं बजा पाया था। बड़े अरमान लिए वो लखनऊ आए क्योंकि उस वक़्त तक लखनऊ संगीत की दुनिया में अपना एक मक़ाम रखता था। उस्ताद ने गायन तो प्रस्तुत किया मगर लखनऊ में कोई भी तबलावादक तबले पर उनके साथ नहीं बजा सका। इस पर उस्ताद जी बहुत दुखी हुए और बोले—ये जान-ए-आलम के लखनऊ का हाल है? हिन्दुस्तानी मौसिक़ी का गढ़! यहाँ कोई संगतकार नहीं, जो मेरे साथ बजा सके? अफ़सोस, सद अफ़सोस! उस्ताद जी का दिल टूट गया। इस महफ़िल में राजा ठाकुर नवाब अली भी मौजूद थे। ये मंज़र देखकर वो सीधा वहाँ से ख़लीफ़ा आबिद हुसैन के पास पहुँचे और उनसे बोले—उस्ताद! ये सब क्या हो रहा है? इतना बड़ा गायक लखनऊ आया है और उसे यहाँ कोई ऐसा आदमी ही नहीं मिल रहा जो उसके साथ बजा सके। उसकी गायकी के साथ चल सके। ये तो लखनऊ की बेइज़्ज़ती है...ख़लीफ़ा आबिद हुसैन ने ये सुना तो ताव-सा आ गया। सोचने लगे मेरे नाम से लखनऊ का नाम जुड़ा है, लिहाज़ा लखनऊ की बेइज़्ज़ती सबसे पहले मेरी बेइज़्ज़ती समझी जाएगी। वो फ़ौरन बोले—चलो, हम बजाएँगे।

ख़लीफ़ा ने आठ महीने से तबले को हाथ तक नहीं लगाया था मगर जब वो बजाने के लिए तैयार हो गए तो नवाब अली समेत दूसरे लोगों को यक़ीन हो गया कि आज कुछ ऐसा होने वाला है जो पहले कभी नहीं हुआ। लोग महफ़िल वाली जगह जमा होने लगे। उस्ताद जी ने गाना शुरू किया और क्या गाया! ख़लीफ़ा ने उनके साथ बजाना शुरू किया और क्या बजाया! लयकारी और तबले की ये जुगलबन्दी यादगार थी। ख़लीफ़ा लखनऊ की इज़्ज़त के लिए उस दिन आठ महीने बाद तबले पर आए थे मगर लग ही नहीं रहा था कि ऐसा कुछ हुआ भी है, बल्कि ऐसा लग रहा था जैसे ख़लीफ़ा अपनी आठ महीने की कमी आज ही पूरी कर देंगे। जैसे वो उस्ताद जी और वहाँ मौजूद बाक़ी संगीत प्रेमियों को सिखा रहे हों कि देखो ऐसे होती है लयदारी की संगत...और फिर, कुछ ही देर बाद उस्ताद जी ने अपना गायन रोककर ख़लीफ़ा के पैर छू लिए...और बोले—नवाब साहब, आप सच में ख़लीफ़ा हैं!! दिलचस्प है कि ख़ुद ख़लीफ़ा अपने समकालीन बनारस के बीरू मिश्रा के मद्दाह थे और उनकी दिल खोलकर तारीफ़ किया करते थे। ख़लीफ़ा की ही तरह बीरू मिश्रा भी विलक्षण कलाकार थे। इन दोनों उस्तादों की पहली मुलाक़ात का क़िस्सा

भी बड़ा दिलचस्प है। बक़ौल आफ़ाक़ हुसैन नेपाल या इन्दौर किसी राजदरबार में कोई उत्सव था जहाँ ये दोनों धुरंधर पहली बार मिले। उस दौर में तबलावादक तबले को कमर से बाँधकर खड़े होकर बजाते थे। महफ़िल का आग़ाज़ हुआ तो आठ-दस तबलावादकों ने साथ में बजाना शुरू किया। इन्हीं में ख़लीफ़ा आबिद हुसैन और बीरू मिश्रा भी थे। दो-तीन घंटे के अन्दर इनमें से बेशतर तबलावादकों ने बजाना बन्द कर दिया। अन्त में बजाने वालों में सिर्फ़ बीरू मिश्रा और ख़लीफ़ा आबिद हुसैन बाक़ी रहे। दोनों डूबकर बजाते रहे। उस वक़्त तक दोनों एक-दूसरे को बिलकुल नहीं जानते थे। दोनों ने साथ-साथ चार-पाँच घंटे तक अविश्वसनीय तबलावादन किया। गति लगातार बढ़ती गई, पर दोनों मँजे हुए कलाकार थे। इसलिए न कोई थका, न थमा। जबकि इस दौरान बार-बार दोनों का तबला अपने फ़न की नई ऊँचाइयों को छूता रहा।

दोनों एक दूसरे से नितान्त अपरिचित होते हुए भी मन ही मन एक-दूसरे की कला के कायल हो गए। और अन्त में बीरू मिश्रा ने बजाना बन्द किया, ख़लीफ़ा आबिद हुसैन के पास गए, उनकी कला को सलाम किया और बोले—मुझे नहीं पता कि आप कौन हैं, पर मैं आपका एकल वादन सुनना चाहता हूँ। जवाब में ख़लीफ़ा ने भी बीरू मिश्रा को सलाम किया और उनका आग्रह स्वीकार किया। अगली दोपहर दरबार के सारे उस्ताद, संगीतज्ञ और संगीतप्रेमी जमा हुए। तक़रीबन डेढ़-दो सौ लोगों के बीच ख़लीफ़ा का एकल वादन शुरू हुआ। बीरू मिश्रा उनके पास ही बैठे थे। ख़लीफ़ा ने उस दिन तक़रीबन आठ घंटे तक अकेले बजाया और साबित कर दिया कि जब वे तबला बजाते हैं तो वक़्त भी अपने आपको फ़रामोश कर देता है। जब ख़लीफ़ा ने वादन ख़त्म किया तो बीरू मिश्रा ने उनसे कहा कि आप सचमुच ख़लीफ़ा हैं। मैंने आपको गुरु मान लिया। ख़लीफ़ा ने जवाब में मुस्कुराते हुए कहा कि मुझे गुरु मान लिया तो मैं जो कुछ जानता हूँ वो तुम्हें दूँगा पर मैं तुम्हें क्या दूँगा, भगवान तुम्हें पहले ही सब कुछ दे चुका है। ये था दो उस्तादों का एक-दूसरे के लिए एहतराम, जो पहली मुलाक़ात में ही वजूद में आ गया और ताउम्र बना रहा।

नाक़ूस-ए-बरहमन से सदा-ए-अज़ां सुनी

लखनऊ की होली का ख़याल आते ही सबसे पहले ज़हन में आती है यहाँ की मिली-जुली तहज़ीब। और फिर याद आता है एक क़िस्सा, जो पता नहीं सच्चा है या झूठा लेकिन लखनवी होली में दिलचस्पी रखने वाले हर शख़्स की ज़बान पर रहता है। वैसे भी क़िस्सों के लिए इतिहाससम्मत होना अनिवार्य नहीं। उनकी बुनियादी विशेषता उनका लोकसम्मत होना है...और लखनऊ के लोक ने सैकड़ों सालों से इस क़िस्से को अपने सर-माथे रखा है।

वाजिद अली शाह का ज़माना था। जो आज भी हिन्दुस्तान में कौमी यकजहती की सबसे बड़ी मिसालों में से एक हैं। जिनका मशहूर क़ौल था कि हिन्दू और मुसलमान मेरी दो आँखें हैं। जिनके दौर में त्योहार किसी एक धर्म के न होकर सबके होते थे। हिन्दू मोहर्रम में अज़ादारी करते थे तो मुसलमान होली में रंग खेलते थे। जाने-आलम ख़ुद सभी त्योहारों में पेश-पेश रहते थे। नवाबों के होली खेलने की रिवायत तो उनके पहले से चली आई थी। ख़ुदा ए सुख़न मीर तक़ी मीर ने एक पूरी मसनवी नवाब आसफ़ुद्दौला के होली खेलने पर लिखी है। जो बहुत मशहूर है।

तो हुआ ये कि वाजिद अली शाह के ज़माने में एक बार होली मोहर्रम के महीने में पड़ गई। वो भी उस दिन जिस दिन कोई बड़ा जुलूस निकलना था। अब अवामो-ख़वास सब परेशान कि क्या किया जाए। होली मतलब हर्षोल्लास की

पराकाष्ठा, और मोहर्रम मतलब अज़ादारी और ग़म की मेराज। दोनों एक-दूसरे के एकदम उलट। कोई समझ ही नहीं पा रहा था कि मसला कैसे हल हो। हिन्दू इस बात पर दुविधा में कि ग़मों के पहाड़ के बीच ख़ुशी किस तरह मनाएँ। मुसलमान इस पर परेशां कि होली आख़िर होली है। उसे मातमी लिबास कैसे पहनाया जाए। फ़िक्र ये भी थी कि कहीं होली और मोहर्रम के बहाने नादान लोग आपस में लड़ न जाएँ और उस शहर के मुँह पर कालिख न पुत जाए जो हमेशा हिन्दू-मुस्लिम यकजहती के लिए जाना गया है...आख़िरकार उस कलंदरसिफ़त बादशाह ने अवाम के हक़ में एक तारीख़ी फ़ैसला सुनाया—'रियाया के सुख-दुख में बिना किसी तफरीक़ के साथ देना हमारा फ़र्ज़ है। यही इस शहर की पहचान भी है। इसलिए तय ये हुआ कि सुबह से दोपहर तक होली खेली जाएगी और दोपहर के बाद अज़ादारी होगी, जुलूस उठेगा'...हुआ भी ऐसा ही। सुबह से दोपहर तक होली मिल-जुलकर, पूरी रंगीनियों के साथ खेली गई। यहाँ तक कि नवाब ख़ुद इसमें शरीक़ हुए...और दोपहर बाद शहर की फिज़ा एकदम पलट गई। होली ख़त्म हो गई, मोहर्रम शुरू हुआ। ज़मीनो आसमान या हुसैन! या हुसैन! की सदाओं से गूँजने लगे। हिन्दू-मुस्लिम सबने ग़मे हुसैन को सीने से लगा लिया और अज़ादारी होने लगी...

तो इस तरह से लखनऊ में होली की ख़ुशियाँ और मोहर्रम का सोग साथ-साथ मना और लड़ाई झगड़ा तो दूर कहीं से दो फिरकों में बहस तक की ख़बर तक नहीं आई। वाजिद अली शाह का एक शे'र है—

नाकूस-ए-बरहमन से सदा-ए-अज़ां सुनी
मस्जिद से मैंने क़स्द किया सोमनाथ का

आगे किसू के क्या करें दस्ते तमअ-दराज़

हिन्दुस्तानी गायकी में ग्वालियर घराने की बड़ी धूम रही है। नत्थन पीरबख़्श, हद्दू खाँ, हस्सू खाँ और नत्थू खाँ इस घराने के आदिपुरुष माने जाते हैं। ये सभी नाम संगीत की दुनिया में ग्वालियर की स्थायी पहचान हैं। पर दिलचस्प बात ये है कि संगीत के ये सारे पुरोधा असल में लखनउवा थे और लखनऊ से हिजरत करके ही ग्वालियर पहुँचे। एक क़िस्सा हद्दू खाँ के साहबज़ादे रहमत खाँ का।

1852 में पैदा हुए रहमत खाँ भी अपने पिता की तरह विलक्षण गायक थे। संगीत रसिक उन्हें बड़े सम्मान के साथ भू-गन्धर्व कहते हैं। रहमत खाँ की सीमाब-मिज़ाजी मशहूर थी। बड़े-बड़े राजघराने उन्हें सुनने के लिए बेताब रहते थे, पर वे तभी गाते थे जब उनका मन होता था। एक बार बड़ौदा के महाराजा गायकवाड़ ने रहमत खाँ के शागिर्द विष्णुपंत छत्रे से कहा कि वो खाँ साहब को सुनना चाहते हैं। छत्रे ने जवाब दिया कि ये बहुत मुश्किल है क्योंकि खाँ साहब तभी गाते हैं जब उनका मन होता है। मन न हो तो अपने सरपरस्त सिंधिया जी के लिए भी नहीं गाते। फिर भी मैं कोशिश करूँगा। ये वो दौर था जब रहमत खाँ बड़ौदा में छत्रे के घर पर ही मुक़ीम थे। एक दिन अलस्सुबह छत्रे को खाँ साहब के गाने की आवाज़ सुनाई दी। उन्होंने देखा कि खाँ साहब घर के बाहर नल पर अपने पाख़ाने के लोटे को भैरवी में गाते हुए माँज रहे हैं।

ये देखते ही छत्रे बड़ौदा राजमहल की तरफ़ भागे और महाराज से कहा, अगर खाँ साहब को सुनना हो तो फ़ौरन मेरे साथ चलिए। राजमहल दूर नहीं था। पलक झपकते ही दोनों घर के पास पहुँच गए। छत्रे ने महाराज से कहा कि यहाँ से आपको पैदल ही दबे पाँव खाँ साहब के पास जाना होगा और ख़ामोशी से बैठकर उन्हें सुनना होगा। महाराज ने ऐसा ही किया। चुपचाप खाँ साहब के पास जाकर ज़मीन पर बैठ गए और उन्हें सुनने लगे। पर खाँ साहब की गायकी में ऐसा जादू था कि एक जगह महाराज ख़ुद पर काबू नहीं रख सके और मस्ती में उनके मुँह से दाद निकल गई। खाँ साहब ने ये जो सुना तो एकदम से रुक गए। महाराज को देखा तो बोले—गायकी के आशिक़ लगते हो। अच्छा लगा? महाराजा ने बिना कुछ कहे डरते-डरते हाँ में सर हिलाया। ये देखते ही खाँ साहब लपककर बोले—तो देख क्या रहे हो। ये लो, मेरा लोटा माँजो, तब तक मैं अपने सुर माँज लूँ। महाराजा मौसिक़ी के सच्चे परस्तार थे। खाँ साहब को सुनने का मौक़ा खोना नहीं चाहते थे। चुपचाप खाँ साहब के हाथ से लोटा लेकर देर तक माँजते रहे और भू-गन्धर्व के सुरों में नहाते रहे।

अगले दिन जब महाराज की तरफ़ से ढेर सारी सौगात छत्रे के घर भेजी गई तब खाँ साहब को असलियत पता चली। छत्रे को ख़ूब डाँटा कि तूने मुझे बताया क्यों नहीं। मैंने महाराज से पाख़ाने का लोटा मँजवा लिया। इस पर छत्रे ने माजरा बयान किया। ये सुनकर खाँ साहब ने कहा कि छत्रे ये सब लेकर मैं क्या करूँगा। इसमें से जो तुम चाहो रखो और बाक़ी ज़रूरतमन्दों को बँटवा दो। छत्रे ने सेवकों से कहा कि ये सब कुछ ग़रीबों में बाँट दिया जाए। सेवक सब वापस उठाकर चले गए। उनके वापस जाते ही खाँ साहब छत्रे से अफ़ीम मँगवाने के लिए इसरार करने लगे।

आगे किसू के क्या करें दस्ते तमअ-दराज़
वो हाथ सो गया है सिरहाने धरे-धरे

—मीर तक़ी मीर

मरना है, तो तान पूरी करके मरो

ग्वालियर घराने के दिग्गज संगीतकार लखनऊ ही से हिजरत करके ग्वालियर गए थे। ग्वालियर घराने के सभी शुरुआती गायकों के लखनऊ से ग्वालियर हिजरत का सबब लखनऊ में इनकी एक दूसरे उस्ताद शक्कर खाँ से ज़बरदस्त प्रतिद्वंद्विता थी जिससे उकताकर ये सब ग्वालियर जा बसे।

एक दफ़ा ग्वालियर नरेश महाराज दौलतराव सिंधिया कुछ दिन के लिए लखनऊ प्रवास पर गए जहाँ उन्होंने उस्ताद शक्कर खाँ के साहबज़ादे बड़े मोहम्मद खाँ की तानबाज़ी वाली गायकी सुनी। वो इससे बहुत प्रभावित हुए और उन्हें ग्वालियर बुला लिया। ग्वालियर में जब महाराजा ने बड़े मोहम्मद खाँ से हद्दू-हस्सू को सिखाने का आग्रह किया तो उन्होंने साफ़ मना कर दिया। अब महाराज ने दूसरी तदबीर निकाली। बक़ौल लक्ष्मण कृष्णाराव पंडित, उन्होंने ढेर सारी दौलत देकर दो साल तक नियमित तौर पर दरबार में पूरे अदब-ओ-आदाब के साथ बड़े मोहम्मद खाँ की महफ़िल करवाई और हद्दू-हस्सू से कहा कि वे राजसिंहासन की आड़ में छिपकर इसे सुनें और फिर इसके मुताबिक रियाज़ करें। हुआ भी ऐसा ही। दो साल तक हद्दू-हस्सू ने ध्यान लगाकर बड़े मोहम्मद खाँ को सुना और उसके बाद डूबकर संगीत साधना की। नतीजतन दो साल में वो एकदम बड़े मोहम्मद खाँ की शैली में गाने लगे। फिर एक दिन महाराज ने बड़े मोहम्मद खाँ से गाने का आग्रह किया और हद्दू-हस्सू

से कहा कि वो उस्ताद के पीछे-पीछे गाएँ। हद्दू-हस्सू ने बड़े मोहम्मद खाँ की मौजूदगी में हू-ब-हू उन्हीं के अन्दाज़ में गाकर समा बाँध दिया। मगर बड़े मोहम्मद खाँ को नकल की ये हरकत पसन्द नहीं आई। मौक़ा मिलते ही वो ग्वालियर छोड़कर रीवा दरबार चले गए। मगर उनके ग्वालियर छोड़ने से ठीक पहले फिर एक रोमांचक वाक़या हुआ।

बड़े मोहम्मद खाँ के एजाज़ में ग्वालियर में गायकी की एक महफ़िल रखी गई जिसमें हद्दू-हस्सू ने गायन पेश किया। गाने के दौरान जब हस्सू खाँ ने एक ख़ास तान लगाई जिसे कड़क बिजली की तान कहते हैं। इस तान की ख़ासियत ये थी कि ये एक बैठक में सिर्फ़ एक ही बार लगाई जाती थी क्योंकि इसको लगाने से फेफड़ों और गले पर बहुत ज़ोर पड़ता था। हस्सू खाँ ने जब ये तान लगाई तो बड़े मोहम्मद खाँ ने बआवाज़े बुलंद सुब्हान अल्लाह कहते हुए हस्सू खाँ से इसे दोबारा लगाने को कहा। उस्ताद की प्रशंसा से उत्साहित होकर हस्सू खाँ ने पूरे दम से दोबारा तान लगाई। मगर ऐसा करते ही गले और फेफड़े पर पड़ने वाले ज़ोर से उनके मुँह से ख़ून आ गया। ये देखकर बुजुर्ग नत्थनपीर बख़्श ने अपनी पगड़ी खोलकर उससे हस्सू खाँ का मुँह पोंछा और उसे उनकी छाती पर कसके बाँध दिया, फिर कहा कि 'हस्सू मरना है,तो तान पूरी करके मरो'। हस्सू खाँ ने तान पूरी की और बाद में उनकी असमय मौत हुई। कहा जाता है कि बड़े मोहम्मद खाँ ने हस्सू से ख़ुश होकर नहीं बल्कि बदले की आग के चलते उनसे दोबारा तान लगवाई थी। उन्हीं का शाप हस्सू खाँ को लगा।

इक गूना बेख़ुदी मुझे दिन-रात चाहिए

इसी शहर में एक उस्ताद चुन्नू खाँ थे। नौशाद साहब ने लिखा है कि सरोद बजाने में वे दुनिया में नम्बर एक थे। उनके बारे में बड़ी हैरतअंगेज़ कहानियाँ मशहूर थीं। फ़क़ीर आदमी थे। कहीं से एक सरोद पा गए थे। उसी को बजाया करते थे। इस क़दर बजाय जाने से जब वो टूट जाता तो उसे काग़ज़ या किसी और चीज़ की चिप्पी लगाके जोड़ लेते थे। दिन भर शहर की सड़कों पर टहलते और लोगों से बतियाते दिखाई देते थे। अजीब बात थी कि जिन दुकानों पर उन्हें किसी तरह का बोर्ड दिखाई दे जाता था, वो उन्हें लखनवी अन्दाज़ में सलाम किया करते थे।

लखनऊ में ऐसा कोई नहीं था जो चुन्नू उस्ताद को न जानता हो। दिन भर सड़कों पर घूमना, सरोद बजाना और रात को मस्जिद में सो जाना यही उनका मामूल था। मोह-माया से बहुत दूर रहा करते थे। मोह या तो उन्हें सरोद का था या फिर अपनी 'चुनिया बेगम' यानी अफ़ीम का। उनके अज़ीज़ दोस्त बरकत खाँ ने उनके लिए कुछ सुन्दर कपड़े सिलवा दिए थे। जो उसी वक़्त निकलते थे जब उन्हें किसी नवाब, तालुकेदार या रईस के यहाँ सरोद बजाने के लिए बुलाया जाता था। ऐसी महफ़िलों में वज़ा-कता तो थोड़ी-बहुत सँवार लेते मगर चुनिया बेगम से बेवफ़ाई हरगिज़ नहीं करते थे। अफ़ीम लेकर ही सरोद बजाते थे। इतनी ज़्यादा कि हर वक़्त पिनक में रहते थे। पिनक के चलते

कई महफ़िलों में ये तक हुआ कि तबले वाला तो बजाता रहा मगर इन्होंने सरोद बीच में ही रोक दिया। इनके साथ जाने वाले बरकत खाँ जब इन्हें टोकते तो चौंककर दोबारा बजाने लगते। मगर तारीफ़ ये कि चौंकने के बाद भी सरोद को बिलकुल ठीक वक़्त पर वापस लाते थे। ये था उनका कमाल। इसीलिए लखनऊ में मशहूर था कि चुन्नू खाँ को सरोद सिद्ध हो गया है, मगर चुन्नू खाँ को न शोहरतों से मतलब था न इनायतों से। महफ़िल के बाद जो भी पैसा आता था सब बरकत खाँ रखते थे, मगर चुन्नू खाँ ने उनसे इस सिलसिले में कभी कुछ दरियाफ़्त नहीं किया। कितना पैसा आया, कहाँ से आया, कहाँ गया उन्हें इन सब बातों में कोई दिलचस्पी नहीं थी। वो तो बस इसी में ख़ुश थे कि हर महफ़िल के बाद अफ़ीम का एक बड़ा गोला उनके पास पहुँच जाता था।

हो सकता है कि आज लोगों को ऐसे अफ़ीमची कलाकार के साथ कोई सहानुभूति न हो पर नौशाद साहब बड़ी संवेदनशीलता से कहते हैं कि चुन्नू खाँ आख़िर अफ़ीम में इस क़दर क्यों डूबे रहते थे। बकौल नौशाद साहब ये अफ़ीमबाज़ी उस उपेक्षा के कारण होती थी जो समाज में उनकी कला के प्रति थी। ये फ़नकार इस बात को जानते थे कि ये दुनिया उनकी कला को वो सम्मान नहीं देती जो देना चाहिए। सो कलाकार अपनी उपेक्षा से हताश होकर अफ़ीम के सहारे दूसरी दुनिया में मगन रहते थे। जहाँ वे ख़ुद ही कलाकार भी थे और ख़ुद ही पारखी भी।

शहर-ए-लज़्ज़त का एक क़िस्सा

खान-पान के मामले में लखनऊ हमेशा से मशहूर रहा है। इस शहर को ज़ायक़े की जन्नत यूँ ही नहीं कहते। यहाँ के मांसाहारी खानों की दास्तानें तो हश्र के दिन तक सुनाई जाती रहेंगी मगर शाकाहार के मामले में भी लखनऊ का बदल मुमकिन नहीं। ऐसे-ऐसे खाने और ऐसे-ऐसे लोग, कि क्या कहा जाए! गुज़िश्ता लखनऊ का ये क़िस्सा मशहूर है कि आसफ़ुद्दौला के ज़माने में एक नया बावर्ची दरबार में हाज़िर हुआ। पूछने पर पता चला कि वो सिर्फ़ उड़द की दाल पकाता है और कुछ नहीं। लोगों को हैरत हुई कि ये कैसा बावर्ची है जो सिर्फ़ एक ही चीज़ पकाता है। शाही बावर्ची तो न जाने क्या-क्या पका लेते हैं। बावर्ची ने फ़रमाया कि मैं आम ख़ानसामां नहीं हूँ, उड़द पकाने का विशेषज्ञ हूँ। नवाब को उसमें कुछ दिलचस्पी पैदा हुई। पूछा—तनख़्वाह कितनी लोगे? जवाब मिला—पाँच सौ रुपए महीना। ये तनख़्वाह उस दौर के हिसाब से बहुत ज़्यादा थी। इतनी ज़्यादा कि इसे माँगना तो दूर कोई बावर्ची इतनी तनख़्वाह सोच भी नहीं सकता था। और माँग भी कौन रहा था—जो उड़द के अलावा और कुछ पकाता ही नहीं था। मगर आसफ़ुद्दौला भी आसफ़ुद्दौला थे। उनकी सख़ावत सारे आलम पे छाई थी। यूँ ही नहीं मशहूर था कि जिसको न दे मौला उसको दे आसफ़ुद्दौला। नवाब ने मुँहमाँगी क़ीमत पर उसे मुलाज़िम रखना मंजूर किया। मगर ये बावर्ची जुदागाना मिज़ाज वाला था। इतने से ही मुतमइन नहीं हुआ। बोला—मेरी कुछ शर्तें हैं, अगर आपको मंजूर होंगी तभी

मैं नौकरी करूँगा। शर्तें पूछी गईं। फ़रमाया कि पहली शर्त ये कि जब आपको दाल खानी हो तो कम से कम एक रोज़ पहले बता दें ताकि मैं सब तैयारी कर लूँ। दूसरी शर्त ये कि जब मैं इत्तेला करूँ कि दाल तैयार है तो आप उसी वक़्त बिना देर किए खा लें। नवाब ने दोनों शर्तें भी मंजूर कर लीं।

कुछ दिनों बाद बावर्ची को दाल पकाने का हुक्म दिया गया। उसने दाल पकाई और नवाब को ख़बर की। नवाब ने कहा कि दस्तरख़्वान बिछाया जाए हम आते हैं। मगर नवाब किसी और काम में मसरूफ हो गए। बावर्ची ने दोबारा इत्तेला दी मगर नवाब को फिर देर हुई। आख़िरकार जब तीसरी बार बुलाने पर भी नवाब नहीं आए तो बावर्ची का सब्र जवाब दे गया। उसने इतनी लगन और जतन से ख़ासतौर पर नवाब के लिए जो दाल पकाई थी उसकी पूरी हाँड़ी उठाकर एक सूखे पेड़ की जड़ में उलट दी और इस्तीफ़ा देकर चला गया। नवाब ने जब ये सुना तो उन्हें बहुत रंज हुआ। बावर्ची की शर्त याद आई। उन्होंने बावर्ची का पता लगवाने की बहुत कोशिश की पर कोई फ़ायदा न हुआ...कुछ दिनों बाद एक मोजिज़ा हुआ। लोगों ने देखा कि बावर्ची जिस सूखे पेड़ के नीचे दाल फेंक गया था, वो हरा होने लगा था।

हकीम बन्दा मेहदी का करिश्माई पुलाव

ये क़िस्सा हकीम बन्दा मेहदी साहब का है। जिनके बारे में मशहूर था कि जैसा खाना उन्होंने खाया और जैसा कपड़ा उन्होंने पहना, वैसा बहुत कम लोगों को नसीब हुआ। शरर के मुताबिक़ एक दफ़ा हकीम साहब ने अपने दौलतख़ाने पर लखनऊ के एक नामी-गिरामी पहलवान की दावत की, जिसके बारे में मशहूर था कि वो रोज़ सुबह बीस सेर दूध पीता है, उस पर ढाई-तीन सेर सूखे मेवे खाता है, और फिर दोपहर और शाम को ढाई सेर आटे की रोटियाँ और एक बकरा खा जाता है। पहलवान के पहाड़ जैसे बदन के लिए ये ख़ुराक ज़्यादा नहीं थी।

पहलवान जब दावत के लिए हकीम साहब के घर तशरीफ लाया तो उसको बहुत भूख लगी थी। हकीम साहब ने उससे कहा कि बस चन्द लम्हों में खाना आ रहा है। मगर पहलवान को इन्तज़ार की ताब नहीं थी। वो बार-बार हकीम साहब से खाना मँगाने का इसरार कर रहा था, और हकीम साहब उससे बस थोड़ी देर इन्तज़ार करने को कह रहे थे। आख़िरकार जब पहलवान के सब्र का बाँध टूट गया और वो उठकर वापस जाने लगा तो हकीम साहब ने मेहरी के हाथों एक बरतन भिजवाया जिसे देखते ही पहलवान को बड़ी राहत मिली। उसने फ़ौरन वो बरतन खोला। मगर मायूस हुआ। देखा कि बरतन के अन्दर एक छोटी सी तश्तरी में थोड़ा सा पुलाव रखा हुआ है। भूखे पहलवान को अपने

साथ ये मज़ाक़ अच्छा नहीं लगा। वो उठने लगा। मगर लोगों ने उससे कहा कि वो फिलहाल इस पुलाव को चखे, खाना बस अभी आ रहा है। ये सुनकर पहलवान बैठ गया और तश्तरी उठाकर सारा पुलाव एक ही बार में मुँह में उड़ेलकर खा गया। पाँच मिनट बाद उसने पीने के लिए पानी माँगा और पिया। इसके पाँच मिनट बाद उसने फिर पानी पिया और डकार ली। इसी वक़्त अन्दर से खाना तैयार होकर आ गया। हकीम साहब ने सब खाना लगवाया। इसके बाद एक प्लेट में तक़रीबन डेढ़ पाव वही पहले वाला पुलाव भरकर पहलवान की तरफ़ बढ़ाया और कहा—हुज़ूर देरी के लिए ख़ाकसार माज़रत चाहता है। आप ज़रा चख के बताएँ कि ये वही पुलाव है जो पहले आया था या कोई दूसरा है? पहलवान ने पुलाव को ग़ौर से देखा और बिना खाए ही कह दिया—वही पहले वाला है। हकीम साहब मुस्कुराए और कहा—तो अब इसका लुत्फ लिया जाए। ख़ास आपके हिसाब से पकवा रहा था इसलिए देर हुई। पहलवान ने कहा—मुझे तो लगता है कि मेरा पेट उस पहले लुक्मे से ही भर गया। अब नहीं खा सकता। हकीम साहब ने पूछा—आपको तो बहुत भूख लगी थी, क्या मज़े का नहीं है? थोड़ा ही खा लीजिए। पहलवान ने कहा कि बड़े मज़े का है हकीम साहब। पर पेट में एक चावल भर की भी जगह नहीं है। मुझे ख़ुद समझ नहीं आ रहा कि हुआ क्या है?

***

हकीम साहब मुस्कुराए और बोले—पहलवान जी बीस-बीस सेर खा जाना इनसान की नहीं जानवरों की ग़िज़ा है, इनसान की गिज़ा तो ये हुई कि चन्द लुक्मे खाकर ही बदन में ताक़त और ताज़गी आ जाए। आपका पेट आज एक ही लुक्मा खाकर भर गया। कल फिर आपकी दावत है। बताइएगा कि इस एक लुक्मे से आपको वैसी ही ताक़त और ताज़गी मिली कि नहीं, जैसी बीस-सेर दूध पीकर मिलती थी। दूसरे दिन पहलवान फिर तशरीफ लाया और उसने तस्लीम किया कि सचमुच पुलाव के उस एक लुक्मे ने उसे ग़ज़ब की क़ूवत और तवानाई अता की थी। साबित हुआ कि हकीम साहब लखनऊ में यूँ ही मशहूर नहीं थे।

लखनऊ बनाम देहली

दिल्ली का एक शहज़ादा मिर्ज़ा आसमान कद्र लखनऊ आया तो वाजिद अली शाह ने उसको दावत दी। सबसे पहले शहज़ादे को एक ख़ूबसूरत मुरब्बा पेश किया गया। जो देखने में बहुत ही लज़ीज़ रसीला और बेहतरीन लग रहा था। शहज़ादा उसे देखकर ललचाया और फ़ौरन खाने को लपका। लेकिन ज़्यों ही उसने मुरब्बा खाया उसका दिमाग़ घूम गया। क्योंकि ये ख़ूबसूरत मुरब्बा असल में मुरब्बा न था बल्कि गोश्त का नमकीन कोरमा था। जिसकी सूरत वाजिद अली शाह के बासलाहियत मुलाज़िमों ने एकदम मुरब्बे की सी बना दी थी। इस क़दर कि दिल्ली का शहज़ादा जो कि अपने खाने के शौक़ के लिए मशहूर था वो भी न पहचान सका। वाजिद अली शाह अपने इस दाँव पर बड़े ख़ुश हुए। शहज़ादे ने भी लखनउवा हुनर का लोहा माना। उस दौर में दस्तरख़्वान पर इस तरह के लटके-झटके और दाँव-पेच ख़ूब लोकप्रिय थे। इनमें बाज़ी ले जाने का अपना लुत्फ़ था। और बाज़ी जब लखनऊ और देहली के बीच चल रही हो तब तो कहने ही क्या। कुछ दिनों बाद मिर्ज़ा आसमान क़द्र ने वाजिद अली शाह को दावत दी। जाने आलम जानते थे कि खाने पर कुछ न कुछ खेल ज़रूर होगा और उनको आज़माया जाएगा। आख़िर दिल्ली वाले भी कुछ कम नहीं। इसलिए वो पहले से ही चौकन्ने होकर वहाँ पहुँचे। देखा तो शहज़ादे ने क्या शानदार दस्तरख़्वान लगवाया था। तरह-तरह की चीज़ें थीं। पुलाव, कोरमा, कबाब, बिरयानी, चटनी, सालन, अचार, तरकारी, रोटियाँ वग़ैरह

वग़ैरह। जाने आलम इस तैयारी से बहुत ख़ुश हुए और कबाब से बिस्मिल्ला की। मगर ये क्या! वो कमबख़्त तो मीठा था। वो भी शक्कर की तरह मीठा। बिरयानी चखी। वो भी मीठी। अचार खाया वो भी मीठा। सालन भी मीठा, चावल भी मीठे। ग़रज़ के हर चीज़ शक्कर की बनी। यहाँ तक कि बर्तन भी शक्कर के बने थे। वाजिद अली शाह ने खाते वक़्त बेहद एहतियात से काम लिया फिर भी धोखे पे धोखा खाते चले गए। नमकीन दिखने वाली हर चीज़ मीठी थी। आख़िर को बादशाह शहज़ादे के कायल हो गए। पता चला कि ये करामात आसमान क़द्र के सादालौह बावर्ची शेख़ हुसैन अली की है।

ज़िल्ले इलाही और बाजपेयी बरहमन

नदीम हसनैन साहब ने एक दिन कहा—यार तुम बाजपेयियों पे क्यों नहीं लिखते। ख़ालिस लखनउवा लोग हैं। नवाबों से भी पुराने। काम ही नहीं हुआ उन पर। मैंने फ़रमाया—कहीं ये कास्ट को ग्लोरीफाई करने जैसा न हो जाए। जो लखनउवा की रूह के ख़िलाफ़ है। कहने लगे, मैं एन्थ्रोपोलोजिस्ट हूँ, अगर लखनऊ के शियों पर लिखता हूँ तो क्या साम्प्रदायिक कहलाऊँगा। नीयत सबसे बड़ी चीज़ है। मैं इस बात का कायल हो गया। मैंने कहा—लिखूँगा, किसी मौक़े पर। फिर एक दिन सुना कि कुछ लोग दिल्ली की अकबर रोड का नाम बदलकर महाराणा प्रताप रोड रखना चाहते हैं, क्योंकि उनके मुताबिक अकबर हिन्दुओं को नापसन्द करता था। इससे मुझे याद आया कि अकबर का लखनऊ से क्या रिश्ता है।

ए.पी. भटनागर साहब ने अपनी किताब 'दि अवध नाइट्स' में लिखा है कि शेरशाह से हारने के बाद हुमायूँ कुछ वक़्त के लिए बेहद बुरे हाल में लखनऊ आया था। अफ़ग़ान उसकी जान के पीछे थे। उसे खाने, रसद और पैसों की सख़्त ज़रूरत थी। लखनऊ में चौक के रहने वाले ब्राह्मणों तक जब ये ख़बर पहुँची तो उनका मुखिया अपने लोगों के साथ बादशाह की ख़िदमत में हाज़िर हुआ और पूरे अदब के साथ बादशाह की ताज़ीम की। हुमायूँ पसोपेश में पड़ गया कि इन लोगों का विश्वास किया जाए या नहीं। इस पर बाजपेयियों के मुखिया ने कहा कि आपकी बदक़िस्मती हम पर ज़ाहिर है। पर बादशाहों के साथ हार-जीत लगी रहती है।

आप लखनऊ पधारे हैं, आपको मदद की ज़रूरत है। हमसे जो हो सकेगा हम आपके लिए करेंगे। इसके बाद कुछ ही वक़्त में बाजपेयियों ने दस हज़ार सिक्के, 50 भेली गुड़ और खाने-पीने का दूसरा सामान हुमायूँ के लिए इकट्ठा किया और इसे बादशाह की नज़्र किया। बुरे वक़्त में की गई इस मदद से हुमायूँ बेहद मुतासिर हुआ। उसने सबसे सामने बाजपेयियों के मुखिया मातादीन को गले लगाया और मदद के लिए शुक्रिया अदा किया। लखनऊ से जाते हुए हुमायूँ ने मातादीन से दोबारा मिलने का वादा किया। इसके बाद बाजपेयियों के ख़ास लोग हुमायूँ को पीलीभीत के रास्ते तक सुरक्षित पहुँचाकर आए। हुमायूँ को ये घटना हमेशा याद रही। उसने अपने बेटे अकबर को भी ये क़िस्सा तफ़सील से बताया। हुमायूँ के मरने के बाद अकबर बादशाह बना। 1590 में उसने अपने प्रशासन को व्यवस्थित करने के लिए हिन्दुस्तान को बारह सूबों में बाँटा। इन्हीं में से एक था अवध, बाद में जिसकी राजधानी बनी लखनऊ। लखनऊ के दौरे में अकबर ने बाजपेयियों से मिलने की ख़्वाहिश ज़ाहिर की जो असल में उसके पिता की अधूरी ख़्वाहिश थी। बाजपेयियों का मुखिया मातादीन जो अब बहुत बूढ़ा हो गया था अकबर की ख़िदमत में हाज़िर हुआ। अकबर ने अपने पिता की मदद के लिए उसका शुक्रिया अदा किया और उसके हर आदमी को शाही ख़जाने से दस हज़ार सिक्के दिए जाने का हुक्म जारी किया। इतना ही नहीं उसने बाजपेयियों को ढेर सारी ज़मीनें भी अता फरमाईं। और इसके बाद मातादीन से कहा कि अगर वो कुछ और चाहता है तो माँग ले। इस पर मातादीन ने कहा कि उसे एक भव्य बाजपेय यज्ञ करने की इजाज़त अकबर की तरफ़ से दी जाए। ये उन ब्राह्मणों का सबसे बड़ा धार्मिक अनुष्ठान होता है। अकबर ने तत्काल न सिर्फ़ इसके लिए मंजूरी दी बल्कि यज्ञ के लिए एक लाख रुपए की आर्थिक मदद भी प्रदान की। इसके बाद लखनऊ में एक भव्य यज्ञ हुआ। अकबर की सरपरस्ती में हुए इस यज्ञ से कान्यकुब्ज ब्राह्मणों में 'लखनऊ के बाजपेयी' बहुत मशहूर हुए। अकबर को हिन्दू-विरोधी घोषित करने से पहले इस वाक़ये को भी ज़हन में रखना चाहिए। भटनागर साहब लिखते हैं कि अटल बिहारी वाजपेयी का लखनऊ को अपनी राजनीतिक कर्मभूमि चुनना अकारण नहीं था। वो यहाँ से चुनाव लड़े क्योंकि वो जानते थे कि यहाँ के लोगों को ये बताने की ज़रूरत नहीं कि वे शुद्ध रूप से इसी मिट्टी के बाशिंदे हैं। अटल बिहारी की राजनीतिक सफलता बताती है कि लखनऊ ने उन पर भरोसा भी ख़ूब किया।

लिख दिया जब सरकशों में कातिब-ए-तक़दीर ने

एक हाफ़िज़ नूरुल्ला थे। अपने ज़माने के नामी ख़ुशनवीस। शरर ने उनके बारे में फ़रमाया है कि नूरुल्ला के लिखे हुए क़िते लोग मोतियों के दाम ख़रीदते थे और उनकी मामूली लिखावट भी बाज़ार में एक रुपया अक्षर के हिसाब से हाथों-हाथ बिक जाती थी। नूरुल्ला का मशहूर क़िस्सा ये है कि नवाब सादत अली का ज़माना था। नवाब साहब गुलिस्ताने शेख़ सादी के बड़े मद्दाह थे। सोते-जागते ये किताब उनके साथ रहती थी। एक दिन उन्होंने हाफ़िज़ नूरुल्ला को बुलाया और कहा कि उनके लिए एक नुस्ख़ा (प्रति) गुलिस्ताँ का तैयार किया जाए। ये वो ज़माना था जब नूरुल्ला की शोहरत अपनी बुलंदी पर थी। उन दिनों वे सिर्फ़ क़िते बनाया करते थे। किताबत के काम को हाथ भी न लगाते थे। मगर चूँकि इस बार नवाब साहब की फ़रमाइश थी इसलिए इनकार का सवाल ही नहीं पैदा होता। नूरुल्ला गुलिस्ताँ बनाने को तैयार हो गए। उन्होंने नवाब से कहा—मुझे अस्सी गड्डी काग़ज़, सौ क़लमतराश चाकू और कुछ हज़ार क़लम मँगवा दीजिए। नवाब हैरत में पड़ गए। पूछा—एक अकेली गुलिस्ताँ के लिए इतना सामान लगेगा? नूरुल्ला ने जवाब दिया—जी, ख़ाकसार को इतना ही चाहिए। नवाब ने सब सामान मँगवा दिया। अब नूरुल्ला ने गुलिस्ताँ लिखनी शुरू की। 'हाफ़िज़ नूरुल्ला ताजदारे अवध की फ़रमाइश पर गुलिस्ताँ लिख रहे हैं' पूरे लखनऊ में इसकी चर्चा हो गई। मगर अभी सात बाब ही लिखे थे कि नूरुल्ला की रूह जहाने-फ़ानी से परवाज़ कर गई। नूरुल्ला के

मरने के कुछ दिन बाद उनके साहबज़ादे हाफ़िज़ इब्राहीम दरबार में हाज़िर हुए तो सादत अली ख़ाँ ने शोक प्रकट करने के लिए उन्हें काली खिलअत दी। इसके बाद पूछा—इब्राहीम साहब उस्ताद नूरुल्ला मेरे लिए गुलिस्ताँ लिख रहे थे, पता नहीं उसका क्या हुआ। इब्राहीम ने बताया कि वालिद के लिखे गुलिस्ताँ के सात बाब एकदम तैयार हैं। आठवाँ और आख़िरी बाब हू-ब-हू अब्बा की तरह वो ख़ुद लिख देंगे। इतनी मेहनत और एहतियात के साथ कि नवाब साहब उनके और वालिद के लिखे में फ़र्क़ नहीं कर पाएँगे। लेकिन किसी जानकार ने ग़ौर से देखा तो ज़रूर पहचान लेगा। नवाब ये सुनकर ख़ुश हुए और काम आगे बढ़ाने की इजाज़त दी। आख़िर नूरुल्ला के अधूरे काम को उनके बेटे इब्राहीम ने पूरा किया। आगे चलकर नूरुल्ला के बेटे इब्राहीम भी उस्ताद बने और उनके सैकड़ों शागिर्द हुए। इब्राहीम भले ही आमतौर पर अपने वालिद की तरह गुलिस्ताँ लिखने के लिए याद किए जाते हों मगर सच ये है कि इसके बाद रफ़्ता-रफ़्ता उन्होंने वालिद के अन्दाज़ से बिलकुल जुदागाना अन्दाज़ हासिल कर लिया। हाफ़िज़ नूरुल्ला के दायरे बिलकुल गोल होते थे जबकि उनके बेटे इब्राहीम के दायरे कुछ अंडाकार होते थे। लखनऊ में ख़ुशनवीसी की तारीख़ जब भी लिखी जाएगी बाप-बेटे की इस बेमिसाल जोड़ी का ज़िक्र सबसे पहले होगा।

जान देकर एक हुक्म-ए-आख़िरी माना तो क्या
लिख दिया जब सरकशों में कातिब-ए-तक़दीर ने

—यगाना चंगेज़ी

असहमति के सम्मान की पराकाष्ठा मुद्राराक्षस

हुआ यूँ कि सन् 2005 में प्रगतिशील लेखक संघ लखनऊ ने प्रेमचन्द की एक सौ पच्चीसवीं जयंती मनाई। इस मौक़े पर शहर के जयशंकर सभागार में एक बड़ा कार्यक्रम हुआ जिसकी अध्यक्षता मुद्राराक्षस जी ने की। इस मौक़े पर मुद्रा जी ने एक चौंकाने वाला उद्बोधन दिया। हालाँकि लोगों को चौंकाना मुद्रा जी के सन्दर्भ में कोई चौंकाने वाली बात नहीं थी। वो शुरू से साहित्य जगत में निराले ढब और विद्रोही तेवरों वाले शख़्स माने जाते रहे। मुद्रा जी ने उस दिन अपने भाषण में बाक़ायदा एक के बाद एक प्रेमचन्द की लाइनें (जिन्हें वो कई छोटी-छोटी पर्चियों पर लिखकर लाए थे) कोट करते हुए उनके आधार पर प्रेमचन्द को दलित विरोधी और सामन्तवाद का समर्थक करार दिया। इसके बाद कार्यक्रम में एक हंगामा हो गया। होना ही था। क्योंकि प्रेमचन्द का लेखन किसानों-मज़दूरों-दलितों-वंचितों के पक्ष में अपनी वैचारिक प्रतिबद्धता के लिए मशहूर रहा है। ऐसे में मुद्राराक्षस जैसे बड़े लेखक का प्रेमचन्द की एक सौ पच्चीसवीं जयंती के समारोह में उन्हें बेहद सख़्त लहज़े में दलित विरोधी कहना एक असामान्य बात थी। मगर मुद्रा जी उन दिनों प्रेमचन्द के प्रति किसी रियायत के मूड में नहीं थे। उसी दौर में शहर में दलित बुद्धिजीवियों के एक तबके ने प्रेमचन्द के उपन्यास रंगभूमि को दलित विरोधी कहते हुए उसका दहन किया। मुद्रा जी इनके समर्थन में भी पेश-पेश रहे थे। उस दिन जब प्रेमचन्द की जयंती के मौक़े पर मुद्रा जी ने उन्हें दलित विरोधी सिद्ध किया तो बहुत

से लोगों को ये सख़्त नागवार गुज़रा। मगर मुद्रा जी यहीं नहीं रुके उन्होंने वही सब बातें एक अख़बार में छपने वाले अपने कॉलम में 'प्रेमचन्द का पुनर्पाठ क्यों नहीं' शीर्षक से लिख दी। अब मशहूर आलोचक और प्रेमचन्द के गहरे अध्येता के रूप में पहचाने जाने वाले वीरेन्द्र यादव ने प्रतिवाद किया। उन्होंने उसी अख़बार में मुद्रा जी के तर्कों को सिरे से ख़ारिज करते हुए 'प्रेमचन्द का पुनर्पाठ ज़रूर लेकिन कुपाठ नहीं' शीर्षक से एक तीखा लेख लिखा। इसके बाद वीरेन्द्र यादव ने साहित्यिक पत्रिका 'तद्‌भव' में भी मुद्रा जी की स्थापनाओं को ध्वस्त करते हुए 'कुपाठ और विरोध के शोर में प्रेमचन्द' शीर्षक से एक लम्बा लेख लिख डाला। ये पहले वाले लेख से भी ज़्यादा तीखा था। मुद्रा जी के तर्कों की धज्जियाँ उड़ाने वाला। अदबी हलकों में इस 'मुद्रा-विध्वंस' की बड़ी चर्चा रही। तात्कालिक तौर पर ख़ुद मुद्रा जी भी इस ध्वस्तकारी लेख को पढ़कर बहुत विचलित हुए। हालाँकि वीरेन्द्र यादव से उनकी मुलाक़ातें होती रहीं लेकिन इसमें न तो लेखों का कोई ज़िक्र आया न ही मुद्रा जी ने कोई शिकायत की। मगर असल बात अब सुनिए।

ये मुद्‌दा ठंडा हो जाने के बाद 2007 में बाराबंकी के विनयदास ने मुद्रा जी के 75वें जन्मदिन के मौक़े पर उनके व्यक्तित्व एवं कृतित्व को समर्पित एक पुस्तक की योजना बनाई। इसके लिए उन्होंने बहुत सारे साहित्यकारों से मुद्रा जी पर लेख माँगे। वे वीरेन्द्र यादव के पास भी गए और उनसे मुद्रा जी पर लिखा उनका लेख माँगा। वीरेन्द्र जी ने ये सोचकर कि चूँकि किताब उनके जन्मदिन पर निकल रही है और उनके व्यक्तित्व और कृतित्व को सेलिब्रेट करती है इसलिए उनमें इतना तीखा लेख नहीं होना चाहिए। इसके बाद वीरेन्द्र जी ने विनयदास को मुद्रा जी के आपातकाल पर केन्द्रित उपन्यास शान्तिभंग पर अपनी लिखी बीस साल से ज़्यादा पुरानी समीक्षा दी। इस समीक्षा में मुद्रा जी के लेखन की बहुत सराहना की गई थी। किताब छपकर आ गई। मगर वीरेन्द्र जी ने इस किताब को पढ़ा तो पाया कि इसमें समीक्षा तो शामिल है ही, 'तद्‌भव' वाला लम्बा लेख जिसमें मुद्रा जी की तीखी आलोचना की गई थी वो भी शामिल है। इसके बाद वीरेन्द्र जी ने बहुत ग़ुस्से में विनयदास को फ़ोन किया और उनसे कहा कि किसी वरिष्ठ लेखक के व्यक्तित्व और कृतित्व के सम्मान में छापी गई किताब में इस तरह का नकारात्मक लेख कैसे छाप दिया। वो भी बिना उनसे पूछे। ये आपको मिला कैसे? उन्होंने तो किताब के लिए

दूसरा लेख दिया था। इस पर विनयदास ने कहा कि मुझे आपसे पूछने की ज़रूरत ही नहीं थी क्योंकि मुद्रा जी ने ख़ुद मुझे ये लेख दिया और कहा कि इसे उस किताब में शामिल करो। मैंने मना करना चाहा तो बोले कि अगर ये लेख किताब में नहीं होगा तो मैं ख़ुद पर किताब छापने की इजाज़त नहीं दूँगा। किताब तभी छपेगी अगर ये लेख उसमें शामिल होगा। ये थे मुद्राराक्षस। वैचारिक असहमति के सम्मान की पराकाष्ठा। इतना ही नहीं इसके दो साल बाद 2009 में जब वीरेन्द्र यादव की आलोचना पुस्तक 'उपन्यास और वर्चस्व की सत्ता' आई तो प्रकाशक और लेखक ने चाहा कि मुद्रा जी इसका विमोचन करें। सबको डर था कि मुद्रा विमोचन तो दूर कार्यक्रम में शिरकत भी नहीं करेंगे। मुद्रा जी ने बख़ुशी विमोचन किया और अपने भाषण में किताब की प्रशंसा की। और फिर इसके बाद 'कथाक्रम' पत्रिका में उन्होंने इस पुस्तक की बहुत ही गहन, गम्भीर लेकिन सकारात्मक समीक्षा लिखी। जबकि अगर वो मन में रखने वाले या असहमति पर चिढ़ने वाले आदमी होते तो बड़ी आसानी से हिसाब बराबर कर सकते थे। उस दिन उनके पास मौक़ा भी था और वो इसमें पूरी तरह सक्षम भी थे। जिस दौर में लोग फेसबुक की एक अदद टिप्पणी की वजह से लोगों की हत्याएँ की जा रही हों उस दौर में वैचारिक असहमति का ये सम्मान इतिहास के पन्नों में हमेशा सम्मानित रहेगा।

मोहे छेड़त मोहन गिरधारी रे

कथक की एक ख़ास महफ़िल सजी थी। लखनऊ घराने की ज़ीनत अच्छन महाराज (बिरजू महाराज के पिता) जलवा अफरोज़ हो रहे थे। काला रंग, बेडौल शरीर, चेहरे पर मोटा मस्सा, मोटी नाक...अच्छन महाराज दुनियावी पैमाने पर ज़रा भी ख़ूबसूरत न थे पर जब रक़्स करते तो हुस्न-ए-मुजस्सिम बन जाते थे। उनका क़ौल मशहूर था—हुस्न तो अदाओं का जादू है, मूरत में क्या रखा है। नाचते थे तो अदाओं का जादू अपनी मेराज पर होता। उस दिन महफ़िल ज़रा बेतकल्लुफ़ी इख़्तियार किए हुए थी। बंदिश थी—'मोहे छेड़त मोहन गिरधारी रे'। अच्छन महाराज इस पर भाव दिखला रहे थे। अचानक महफ़िल में मौजूद एक शख़्स ने तंज़िया लहज़े में कहा—अमाँ अपनी शकल देखी है आईने में? मोहन तुम्हें छेड़ेंगे? उसका इतना कहना था कि सब लोग ठहाका मार के हँसने लगे। मगर अच्छन महाराज ख़ामोश रहे। फिर हल्का सा मुस्कुराए...उनके अबरू कमान की तरह खिंचे...तिरछी निगाह से उस शख़्स की जानिब दो घड़ी देखा...जैसे तीरंदाज़ निशाना साध रहा हो...इसके बाद एक पल को मुस्कुराए...जैसे शोला लपक गया हो...और बाँकपन से झटककर मुँह फेर लिया। इस अदा पर चाहने वाले निसार हो गए। 'मार चला-मार चला' वाली कैफ़ियत हो गई। धड़कनें अपनी जगह पर थम गई थीं...और फिर जब अच्छन महाराज अना के साथ बोले—अब तो मोहन हमें छेड़ेंगे। तो हर तरफ़ से बार-बार आवाज़ आई—छेड़ेंगे, ज़रूर छेड़ेंगे। महाराज पर फ़िकरा कसने

वाला बेज़बान हो चुका था। चेहरे का रंग उड़ चुका था। नदामत का बुत बना खड़ा था। जब कुछ नहीं समझ में आया तो उसने लपककर महाराज जी के पैर पकड़ लिए और बार-बार माफ़ी माँगने लगा। अच्छन महाराज ने उसकी पीठ पर हाथ फेरा और मुस्कुराते हुए अपनी जगह पर वापस बैठने को कहा...और इसके बाद जब रक़्स दोबारा शुरू हुआ तो अच्छन महाराज इस अदा से नाचे कि उफ़! देखने वालों को अच्छन नहीं बल्कि बृज की कोई कोमलांगी दिखाई दे रही थी। उन्हें यक़ीन नहीं हो रहा था कि कोई पुरुष किसी बृजबाला के इस तरह के भाव उभार सकता है। मगर अच्छन महाराज इसी महारथ का नाम था।

महाराज सादालौह आदमी थे। एकदम लखनउवा। रक़्स के अलावा और कुछ न आता था। गुणा-गणित से दूर भागते थे, मगर नृत्य की गणित में पारंगत थे। खाने-पीने के शौक़ीन थे। रियाज़ के बाद तफरीह करने चौक ज़रूर जाते। लखनवी अचकन, पैजामा, सर पे दुपल्ली और हाथ में छड़ी और इक्के की सवारी। लखनऊ से उन्हें बेपनाह मोहब्बत थी। यही वजह है कि अलग-अलग शहरों में रहने के बाद आख़िरी वक़्त में वे लखनऊ लौट आए। उनकी शख़्सियत लखनवी तहज़ीब की ख़ुशबू से महकती थी। ख़ुश-अख़लाक़ इतने थे कि नाम ही अच्छे भइया या अच्छन पड़ गया। वरना असल नाम तो जगन्नाथ प्रसाद मिश्र था। राह चलते हुए ठहरकर दीन-दुखियों का हाल पूछना और यथासम्भव मदद करना उनकी आदत में शामिल था। कहते थे, 'इन्हीं की दुआओं से रक़्स में जान आती है।'

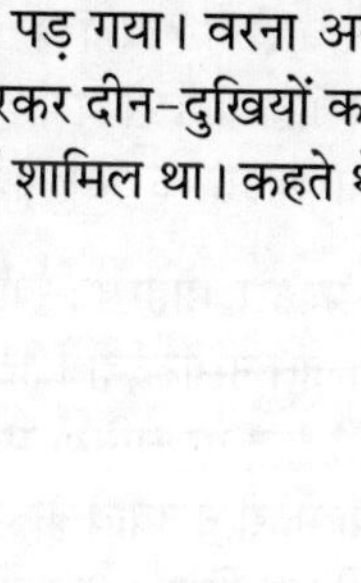

ऐ मलीहाबाद के रंगीं गुलिस्ताँ अलविदा

बँटवारे के बाद जब जोश मलीहाबादी पाकिस्तान चले गए, तो वहाँ उनका तआरुफ़ पाकिस्तान के उस वक़्त के सदर इस्कंदर मिर्ज़ा से करवाया गया कि इनसे मिलिए ये जोश मलीहाबादी हैं तो इस्कंदर मिर्ज़ा ने छूटते ही पूछा— अच्छा तो मलीहाबाद के रहने वाले हैं? वहाँ के आम बहुत मशहूर हैं। उसके बाद इस्कंदर मिर्ज़ा ने जोश मलीहाबादी से मलीहाबाद के आमों के बारे में तो बहुत कुछ पूछा लेकिन उनकी शाइरी के बारे में कोई बात नहीं की।

जोश मलीहाबादी के परदादा फ़क़ीर मोहम्मद खाँ गोया अवध की शाही फ़ौज में रिसालदार थे। ये वो दौर था जब नसीरुद्दीन हैदर नवाब थे पर चलती धनिया मेहरी की थी। एक दफ़ा किसी बात पर धनिया मेहरी से फ़क़ीर मोहम्मद गोया की अनबन हो गई। अब धनिया मेहरी ने नवाब के ज़रिए गोया साहब को लखनऊ से निकल जाने का हुक्म जारी कर दिया। अब गोया साहब भी कहाँ कम थे। मलीहाबाद के पठान। ये कहते हुए लखनऊ छोड़ गए कि मैं मलीहाबाद से लखनऊ सिर्फ़ एक घोड़े के साथ आया था और एक घोड़े के साथ ही यहाँ से वापस जा रहा हूँ। अब वापस मलीहाबाद जो पहुँचे तो उन्हें नवाब को मलीहाबाद की अज़मत का अहसास करवाने के लिए एक टोकरी बेहतरीन मलीहाबादी सफ़ेदों की नवाब को भेजी। अब नवाब ने जब वो आम चूसे तो उनकी लज़्ज़त में खो गए। हमारे गाँवों में आज भी ये रिवाज है कि पड़ोसी के यहाँ से आए

बरतन ख़ाली नहीं वापस किए जाते। उनमें कुछ न कुछ रखकर ही भिजवाया जाता है। तो नवाब साहब जो कि सफ़ेदे के दीवाने हो चुके थे उन्होंने सफ़ेदों की तादाद के बराबर जवाहरात टोकरी में रखकर मलीहाबाद भिजवा दिए। जब ये टोकरी गोया साहब के पास पहुँची तो वो मुस्कुराए और कहा कि हीरे की क़द्र जौहरी ही पहचानता है। तो आज से इस सफ़ेदे का नाम जौहरी होगा। तब से मलीहाबादी सफ़ेदे को जौहरी के नाम से जाना जाता है।

मलीहाबाद के आम खाने के उस्ताद अब्दुल कदीर खाँ से किसी ने पूछा कि आप एक बार में कितने आम खाते हैं? तो खाँ साहब ने जवाब दिया—एक दाढ़ी। पूछने वाला चकरा गया। बोला—क्या मतलब? खाँ साहब बोले कि एक दाढ़ी का मतलब ये है कि हम उकड़ूँ बैठ जाते हैं और आम अपने सामने रख लेते हैं। फिर जब तक आम की गुठलियों और छिलकों का ढेर बड़ा होते-होते हमारी दाढ़ी को नहीं छू लेता। हम आम खाते रहते हैं। ये तो बात हुई आम खाने की। मगर मलीहाबाद में ही एक ऐसे भी शख़्स हुए हैं जो आम खाने के लिए नहीं बल्कि आम छीलने के लिए दूर-दूर तक मशहूर थे। उनका नाम था मुशीर खाँ। आम छीलने में उन्हें ऐसी महारथ हासिल थी कि कुएँ की जगत पर बैठकर जब मलीहाबादी दसहरी छीलते थे तो मजाल क्या कि छिलका बीच से टूट जाए। इतना महीन छिलका छीलते थे कि छिलका गोल-गोल घूमता हुआ कुएँ के पानी में छू जाता था। मगर ये तब की बात थी जब हमारे यहाँ कुएँ बहुत हुआ करते थे और उनमें पानी भी ख़ूब होता था। अब तो कुएँ छोड़िए आँख का पानी भी मरता जा रहा है।

ऐ मलीहाबाद के रंगीं गुलिस्ताँ अलविदा
अलविदा ऐ सरज़मीन-ए-सुबह-ए-खन्दां अलविदा
अलविदा ऐ किशवर-ए-शेर-ओ-शबिस्तां अलविदा
अलविदा ऐ जलवागाहे हुस्न-ए-जानां अलविदा

—जोश मलीहाबादी

कुंज-ए-रंगीं में पुकारेंगी हवाएँ 'जोश जोश'

जोश साहब जब बँटवारे के बाद पाकिस्तान चले गए तो वहाँ उनकी भिड़ंत एक लोकल शाइर से हो गई। बात ठहर गई फलों पर। पाकिस्तानी शाइर बोले—हमारे यहाँ के अनारों की टक्कर का कोई फल है आपके यहाँ? जोश साहब ने अपनी अना के साथ जवाब दिया—दसहरी। पाकिस्तानी ने फिर पूछा—हमारे यहाँ के अंगूर का क्या जवाब होगा? जोश साहब रऊनत(घमंड) भरे लहज़े में बोले—सफ़ेदा। उसने फिर पूछा—पाकिस्तानी तरबूज़ का तो कोई तोड़ नहीं? जोश बोले—जौहरी...ग़रज़ ये कि पाकिस्तानी शाइर ने अपने मुल्क के तमाम फलों के नाम गिनवाए और हर बार जवाब में जोश साहब ने आम की ही कोई क़िस्म आगे कर दी। पाकिस्तानी शाइर आख़िर को झल्ला गया और जोश साहब से बोला—आपके यहाँ आम के अलावा कोई दूसरा फल नहीं होता क्या? जोश साहब शान्ति से बोले—किबला ज़रा सब्र करें। पहले आमों की क़िस्में तो चुक जाने दीजिए, फिर दूसरे फलों के नाम भी गिनवा दूँगा।

इसी तरह पाकिस्तान में एक बार जोश मलीहाबादी से एक बहुत बूढ़े शख़्स ने पूछा कि जोश साहब...क्या आप मुझे बता सकते हैं कि लखनउआ सफ़ेदा और जौहरी सफ़ेदे में क्या अन्तर है...जोश ने जवाब दिया। क़िबला आपकी बात पर मुझे पतरस बुखारी का एक लतीफ़ा याद आ गया पहले वो सुन लीजिए। एक बार रेडियो स्टेशन पर बुख़ारी साहब से मिलने एक ज़ईफ़ शख़्स आए।

उन्होंने बातों-बातों में बुख़ारी से पूछा। बुख़ारी साहब, तानपूरे और सारंगी में फ़र्क़ वाज़े कर दीजिए। बुख़ारी साहब ने जवाब दिया—गुस्ताख़ी माफ़, लेकिन क्या मैं आपकी उम्र जान सकता हूँ। उन्होंने जवाब दिया। अस्सी बरस। बुख़ारी ने कहा कि जब ज़िन्दगी के अस्सी बरस आपने तानपूरे और सारंगी का फ़र्क़ जाने बग़ैर गुज़ार दिए तो बाक़ी के दो-चार बरस और सब्र कर लीजिए। इसके बाद जोश ठहाका मारके हँसे। मगर बूढ़ा खिसिया गया। जोश ने उससे माज़रत तलब की और उसे सारे आमों के बारे में तफ़सील से बताया।

जोश साहब ने पाकिस्तान पहुँचने के बाद जो सबसे पहला ख़त अपने भाई रईस अहमद खाँ को लिखा था वो कुछ यूँ था—आम के बाग़ों में जो कोयलें बोलने वाली हैं, उनकी कूक से और जो बौर निकलने वाला है उसकी ख़ुशबू से...मुझ बदनसीब का सलाम कहना। और माँ-बाप की क़ब्रों से जाकर कह देना कि बदनसीब को इस बात का बहुत कलक है कि उसकी क़ब्र अब उनके पायतीं नहीं बन सकेगी...

आम के बाग़ों में जब बरसात होगी पुरख़रोश
मेरी फ़ुरक़त में लहू रोएगी चश्म-ए-मयफ़रोश
रस की बूँदें जब उड़ा देंगी गुलिस्तानों के होश
कुंज-ए-रंगीं में पुकारेंगी हवाएँ 'जोश जोश'
सुन के मेरा नाम मौसम ग़मज़दा हो जाएगा
एक महशर सा गुलिस्ताँ में बपा हो जाएगा

—जोश मलीहाबादी

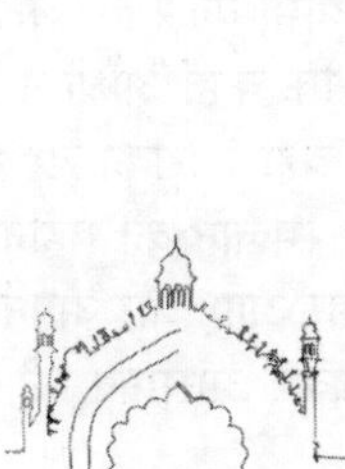

हश्र में भी ख़ुसरवाना शान से जाएँगे हम

मलीहाबाद में एक अजीबोग़रीब शख़्स गुज़रे हैं जिनका नाम था कंजू खाँ। जोश मलीहाबादी ने अपनी आत्मकथा यादों की बारात में इन पर बाक़ायदा एक मज़मून लिखा है। कंजू खाँ एकदम गोरे-चिट्टे थे और दाढ़ी-मूँछ इनकी भूरी थी। आँखें कंजी थीं। देखने में एकदम अंग्रेज़ मालूम होते थे। इसीलिए नाम रखा गया था कंजू खाँ। औरतों पर फ़ुहश फिकरे कसना और आदमियों को गाली बकना खाँ साहब की मशहूर आदत थी। तुनकमिज़ाज इतने थे कि बात-बात पर लड़ने पर आमादा हो जाते थे। फिर चाहे सामने वाला कोई भी हो। इनसान तो इनसान कंजू खाँ जानवरों से भी लड़ने और इंतक़ाम लेने के लिए मशहूर थे। बेशुमार बद्दुआएँ और लानतें मिलतीं मगर कंजू खाँ न सुधरते। हालाँकि बेचारे बहुत ग़रीब आदमी थे, और अल्लाह को मानने वाले थे।

क़िस्सा जोश साहब ने बयान किया है कि एक दिन कंजू खाँ अपनी छोटी सी बगिया में मड़ैया बनाकर बैठे आमों की रखवाली कर रहे थे कि अचानक तेज़ हवाएँ चलने लगीं। ये घबराए कि कहीं आँधी न आ जाए, उनकी पूरी फ़सल तबाह हो जाएगी। मगर हुआ वही जिसका डर था। तेज़ हवाओं को काली आँधी में बदलते देर न लगी। रमज़ान का महीना था। कंजू खाँ रोज़े से थे। लपककर अपनी मड़ैया से बाहर आए और अपनी पगड़ी उतारकर दोनों हाथों में ले ली। फिर इसे ऊपर उठाकर आसमान की तरफ़ देखते हुए गिड़गिड़ाने

लगे—ऐ अल्लाह मियां, मैं रोज़ेदार आदमी हूँ, ग़रीबी ने मेरा जीना मुहाल कर रखा है, जैसे-तैसे एक-एक दिन काट रहा हूँ। ये आँधी रोक दे। मेरी बगिया के आम न टूटने पाएँ। फ़सल तबाह हुई तो पूरे घर के फाके होंगे। बिटिया की शादी भी नहीं कर सकूँगा...मगर अल्लाह मियाँ ने जाने क्यों कंजू खाँ की दुआ कुबूल नहीं की। शायद वो कंजू खाँ को उनके गुनाहों की याद दिलाना चाहता था या फिर उन लोगों की बद्दुआएँ कंजू खाँ की दुआ से ज़्यादा सच्ची निकल गई थीं जो कंजू खाँ की तुनकमिज़ाजी और गाली-गुफ़्तारी का शिकार हुए थे। बहरहाल हुआ ये कि आँधी आई और इस ज़ोर की आई के कंजू खाँ की बगिया में एक भी आम शाख पर नहीं रहा। यहाँ तक कि कुछ पेड़ों की डालें भी फट गईं। कंजू खाँ बेचारे ये सब देखकर कुछ देर तो फूट-फूटकर रोए फिर उन्हें अल्लाह मियाँ पर ग़ुस्सा आ गया। ये दौड़ते हुए गए और अपनी मड़ैया को आग लगा दी। बड़े तैश में मटके से एक कुल्हड़ में पानी भरा और खुले आसमान के नीचे आ गए। इसके बाद कुल्हड़ को एक हाथ में ऊँचा उठाकर आसमान की तरफ़ देखते हुए बोले—जनाब हमने आपसे गिड़गिड़ाकर दुआ माँगी कि हमारे आम न टूटें। मगर आपने हमारी दुआ कबूल नहीं की। इतना कहकर कुल्हड़ मुँह से लगा लिया और सारा पानी पी गए। इसके बाद बोले। ये लीजिए हमने रोज़ा तोड़ डाला। आप बड़े पठान हैं तो कल से रोज़ा रखवा लीजिएगा... इसके बाद कंजू खाँ मरते मर गए मगर उन्होंने रोज़ा कभी नहीं रखा।

जोश मलीहाबादी ने उनके बहुत से क़िस्से रकम किए हैं। एक बार कंजू खाँ कहीं जा रहे थे। रास्ते में प्यास का ग़लबा हुआ। कुछ दूर चले तो देखा कि एक कुएँ पर कुछ लड़कियाँ पानी भर रही हैं। ये उनके पास पहुँचे और उनसे पानी पिलाने की गुज़ारिश की। उन लड़कियों में एक ज़रा नटखट थी। उसने कंजू खाँ की दाढ़ी-मूँछ का जंगल देखा तो उन्हें छेड़कर कहा—आपके मुँह कहाँ है, जो पानी पिएँगे। इतना कहते ही बाक़ी लड़कियाँ हँस दीं। कंजू खाँ इस गुस्ताख़ी पर आगबबूला हो गए। तैश में अपनी मूँछों को दाढ़ी से अलग किया और मुँह दिखाते हुए बोले—ये मुँह नहीं तो और क्या है ? और इसके बाद ऐसा फहश जुमला कहा कि लड़कियों से वहाँ एक पल न रुका गया और कंजू खाँ भी प्यासे ही आगे बढ़ गए।

एक बार कंजू खाँ अपने खेत पर गए। देखा कि खेत के पास वाले दलदल में

एक हिरन फँसा खड़ा है। जो बार-बार निकलने की कोशिश में छटपटाता लेकिन निकल न पाता। उसे देखकर कंजू ख़ाँ बहुत ख़ुश हुए और उछलते हुए उससे कहा—बेटा, रोज़ मुझ ग़रीब का खेत चर जाते थे, आज फँसे हो...हिरन पर तंज़ ज़रूर कसा मगर इसके बाद पसीजे हुए दिल से उसे निकालने की जुगत भी की। अपने तहमद का एक सिरा हिरन की गर्दन में मज़बूती से बाँधा और एक अपनी कमर पर कस लिया। इसके बाद उन्होंने ज़ोर लगाकर हिरन को निकाल लिया। बाहर निकलते ही हिरन झटका देकर भाग खड़ा हुआ, और कंजू ख़ाँ की लुंगी भी खुलकर हिरन के साथ चली गई। कंजू ख़ाँ बेचारे नंगे हो गए। ये देखकर आसपास काम कर रहे लड़कों ने तालियाँ बजाना शुरू कर दीं। इस पर कंजू ख़ाँ ने खिसियाकर एक लड़के को दो-चार कंटाप रसीद किए और उसकी लुंगी खोलकर ख़ुद बाँध ली। वो लड़का ज़ोर-ज़ोर से रोने लगा। बाक़ी लड़के वहाँ से भाग गए। कंजू ख़ाँ उनको ललकारते हुए बोले—और तालियाँ बजाओ नंगे कंजू ख़ाँ पर। उनके ग़ुस्से की सीमा पार हो गई थी। सोच रहे थे—मैंने उस कमबख़्त हिरन को दलदल में घुस के बचाया जो रोज़ मेरा खेत चर जाता था मगर वो अहसानफ़रामोश मुझे सबके सामने नंगा करके भाग गया। उसे चौराहे पर नंगा न किया तो कंजू ख़ाँ मलीहाबादी पठान नहीं। इसके बाद वो सीधे मलीहाबाद के मशहूर शिकारी खलील ख़ाँ के पास गए और उन्हें पूरा माजरा बताया। फिर बोले—मुझे किसी भी क़ीमत पर उस हिरन की लाश चाहिए। आख़िरकार एक दिन कंजू ख़ाँ ने खलील ख़ाँ की गोली से उस हिरन को मरवा दिया। इसके बाद वो उसे लादकर मलीहाबाद ले आए और एक चौराहे पर उसकी टाँगें चिरवा दीं। इसके बाद अपने मख़सूस अन्दाज़ में बोले—इस हरामखोर ने कंजू ख़ाँ को नंगा कर दिया था। आज बदला पूरा हुआ।

शर्त इतनी कि बेशऊर न हो

जब भी उर्दू शाइरी के दबिस्ताने लखनऊ का ज़िक्र आएगा दो नाम सबसे ऊपर होंगे—आतिश और नासिख़। दोनों का शुमार लखनऊ के सबसे बड़े शाइरों और उस्तादों में होता है। दोनों समकालीन थे और आपस में वो शाइराना प्रतिद्वंद्विता रखते थे जिसकी मिसाल आज तक दी जाती है। जिस तरह मर्सियों में प्रतिद्वंद्विता के चलते मीर अनीस और मिर्ज़ा दबीर का नाम एक साथ लिया जाता है उसी तरह ग़ज़ल के मैदान में आतिश और नासिख़ का नाम भी साथ-साथ आता है। दोनों की शाइरी एक-दूसरे से बिलकुल अलग थी, मिज़ाज भी जुदा था। मुशाइरों में जब दोनों अपने-अपने शागिर्दों के साथ पहुँचते तो कई बार तो यूँ लगता कि आज कुछ होने को है। ऐसी चश्मकें चलतीं जो आज तक याद की जाती हैं। एक-दूसरे के शेर में कमी निकालना, कमतर शाइर साबित करना, फ़ब्ती कसना, फिकरे उछालना, रौब ग़ालिब करना, खिल्ली उड़ाना ये सब आम बात थी, मगर जो बात इन दोनों प्रतिद्वंद्वियों में ख़ास थी वो ये कि घनघोर प्रतिद्वंद्विता के बावजूद ये दोनों एक-दूसरे को लेकर अपने मेयार से नहीं गिरते थे। आमतौर पर जलन, असुरक्षा और प्रतिद्वंद्विता इनसान को अन्धा बना देती है। आतिश और नासिख़ से सीखा जा सकता है कि प्रतिद्वंद्विता कैसे निबाही जाए। सुनाने वाले सुनाते हैं कि एक दफ़ा आतिश के शागिर्द मोहम्मद ख़ाँ रिन्द उस्ताद की किसी बात का बुरा मान गए। आतिश का मिज़ाज उनके नाम ही की तरह था। और रिन्द का ताल्लुक एक सम्पन्न घराने से था। लिहाज़ा

आतिश की आतिश उस अमीरज़ादे से बर्दाश्त नहीं हुई। आतिश से नाराज़ होकर रिन्द ने उनकी शागिर्दी छोड़ दी और सोचा कि क्यों न नासिख़ का शागिर्द बनकर आतिश को नीचा दिखाऊँ। रिन्द को लगा कि आतिश और नासिख़ में जिस तरह की तना-तनी रहती है, उसकी वजह से नासिख़ उन्हें बख़ुशी अपना शागिर्द बना लेंगे, उनके लिए आतिश को ज़लील करने का इससे बेहतर तरीक़ा क्या होगा। फिर दौलत का गुरूर तो रिन्द के सर चढ़ा ही था। मगर वो नासिख़ के यहाँ पहुँचे तो अपनी ही शामत बुला ली। नासिख़ को जब उनकी आमद का मक़सद मालूम हुआ तो बहुत फटकार लगाई। कहा—पिछले कई बरस से आप ख़्वाजा साहब के शागिर्द हैं, उन्हीं से इस्लाह लेते हैं, उन्हीं के साथ रहते हैं, अगर उस्ताद की एक मामूली बात पर आप उनको रुसवा करने पर आमादा हैं तो कल के लिए मैं आप पर कैसे भरोसा करूँ। इसके अलावा आपके ख़्वाजा साहब से अलग होने पर उन्हें जो मुश्किल (आर्थिक) होगी उसका गुनाह मैं अपने सर क्यों लूँ। इसके बाद रिन्द वापस लौट आए और अपने उस्ताद से माफ़ी माँगी। आतिश ने उन्हें माफ़ करके दोबारा अपनी शागिर्दी में ले लिया।

और अब आतिश की बात सुनिए। जब उनके सबसे बड़े प्रतिद्वंद्वी नासिख़ की मौत हुई तो आतिश इस क़दर दुखी हुए कि ग़ज़ल कहना छोड़ दिया। छोड़ क्या दिया क़सम खा ली कि आगे ग़ज़ल नहीं कहेंगे। लोगों ने उन्हें बहुत समझाया पर आतिश न माने। बोले—जब सुख़न-फहम ही नहीं रहा, तो किसके लिए ग़ज़ल कहें।

शर्त इतनी कि बेशऊर न हो
दोस्त क्या, हम उदू पे मरते हैं

—बिस्मिल भरतपुरी

विलायत खाँ ने गन्ने का रस बेचा

बहुत कम लोग जानते हैं कि भारतीय सितारवादन को दुनिया भर में पहचान दिलाने वाले उस्ताद विलायत खाँ का कुछ वक़्त लखनऊ में भी गुज़रा है। हुआ ये था कि वालिद उस्ताद इनायत खाँ के इंतक़ाल के वक़्त विलायत खाँ सिर्फ़ दस साल के थे। पिता का साया सर से उठने के बाद उनकी आर्थिक स्थिति काफ़ी ख़राब हो गई थी। सितार से इश्क़ की शुरुआत हो चुकी थी। यही उनके संघर्ष का सबसे बड़ा सहारा भी था। किशोरावस्था में कुछ दिन के लिए उन्होंने ये सोचकर लखनऊ का रुख़ किया कि इस शहर में संगीत को चाहने वाले अभी भी मौजूद हैं, हालात कुछ बेहतर हो सकते हैं। संगीत-इतिहासकार गजेन्द्र नारायन सिंह के अनुसार वे नया गाँव में डी. टी. जोशी साहब के यहाँ रहते थे।

एक दिन एक अजीबोग़रीब वाक़या पेश आया। विलायत साहब को पता चला कि लखनऊ के पास किसी गाँव में एक ज़मींदार के बेटे की शादी है और इस मौक़े पर एक महफ़िल सजनी है। महफ़िल के लिए सितारवादक का इंतज़ाम अब तक नहीं हो पाया था। जब विलायत साहब से इस सम्बन्ध में बात की गई तो महफ़िल लखनऊ से दूर और अजनबी लोगों के गाँव में होने के बावजूद वे इसलिए तैयार हो गए क्योंकि उनकी माली हालत बहुत अच्छी नहीं थी। बड़े ज़मींदार के बेटे की शादी पर बजाना उनके लिए आर्थिक तौर पर बहुत

फ़ायदेमन्द हो सकता था इसलिए न चाहते हुए भी वे उस महफ़िल में पहुँचे। वहाँ जब बड़े-बड़े गायक गा चुके तो किसी ने उपहास के तौर पर विलायत साहब की तरफ़ इशारा करते हुए कहा कि इस लड़के से भी कुछ बजवा लिया जाए। विलायत साहब ने सुने को अनसुना कर दिया और बजाना शुरू किया। ऐसा बजाया, ऐसा बजाया कि महफ़िल में मौजूद हर शख़्स फरेफ़्ता हो गया। किसी को यक़ीन नही हो रहा था कि ये नौउम्र लड़का इतना अच्छा वादन कर सकता है। महफ़िल तमाम होने पर सबकी ज़बाँ पर सितार ही की चर्चा थी। रात हो गई थी इसलिए विलायत साहब ने खाना खाया और सो गए। सुबह उठकर उन्होंने ज़मींदार के एक मुलाज़िम से 'विदाई' की बात की। मुलाज़िम ने ज़मींदार को बताया। इस पर ज़मींदार ने लापरवाही से कहा कि वो लड़का तो बहुत छोटा है। भरपेट बढ़िया खाना खिला दिया उसको। और क्या चाहिए। इसके बाद कुछ सोचकर आगे फ़रमाया कि अच्छा ठीक है। ऐसा करो दो मटके गन्ने का रस दे दो। इस उम्र में इससे बड़ा इनाम क्या होगा। विलायत साहब ने जब ये सुना तो बहुत मायूस हुए। सोचा, क्या सोचकर आया था और क्या मिल रहा है। फिर उन्होंने सोचा कि ये गन्ने का रस भी तो उन्होंने मेहनत से कमाया है, यही ले चला जाए। दो मटके ले जाना उनके लिए मुमकिन नहीं था क्योंकि सितार भी साथ था। इसलिए एक मटका सर पे रख के एक हाथ में सितार थामकर आहिस्ता-आहिस्ता पैदल लखनऊ लौटे। जब कैसरबाग़ के क़रीब पहुँचे तो एक जगह बैठकर वो गन्ने का रस बेच दिया जिससे कुछ पैसे मिले। घर आकर कुछ लोगों से हाल बयान किया। सबने ज़मींदार की आलोचना की और विलायत साहब को ढाँढस बँधाते हुए दुआएँ दीं कि मुस्तकबिल में सितार उनके नाम से पहचाना जाएगा।

कहना ग़ैर-ज़रूरी है कि लखनऊ वालों की दुआएँ कुबूल हुईं।

मुझको ये दावा के हर महफ़िल पे छा सकता हूँ मैं

गुज़रे ज़माने की गायिकाओं में जानकीबाई उर्फ़ छप्पन-छूरी को अफ़सानवी मक़बूलियत हासिल हुई। सचमुच अफ़सानवी। इस क़दर कि छप्पन छूरी का नाम अपने दौर के मुहावरों में शामिल हो गया। कहा जाता है कि उनके एक नामुराद आशिक़ ने उन पर छूरी से वार करके छप्पन घाव किए थे जिसके बाद उनका नाम छप्पन-छूरी मशहूर हो गया। दिलचस्प ये दुनियावी पैमाने पर जानकीबाई ज़रा भी ख़ुश-शक़्ल नहीं थीं, दबा हुआ रंग, अनगढ़ चेहरा और जिस्म पर हर तरफ़ ज़ख़्मों के निशान, मगर गायकी में वो अदाएँ कि लोग अश-अश कर उठते। वो अच्छन महाराज के इस जुमले की आबरू थीं कि रंग-रूप से कुछ नहीं होता, हुस्न तो अदाओं का जादू है। अपने मुतालिक वो अक्सर नासिख़ लखनवी का एक शेर पढ़ती थीं—हुस्न को चाहिए अन्दाज-ओ-अदा, नाज-ओ-नमक/लुत्फ़ क्या गर हुई (गोरों की तरह खाल सफ़ेद)।

जानकीबाई का नाम सुनकर एक दफ़ा रीवा नरेश ने उन्हें अपने यहाँ बुलाया। वो महफ़िल के लिए तैयार हो रही थीं कि तभी किसी की चुराई हुई नज़र उन पर पड़ गई। उसने महाराज से कहा कि गाने वाली के ख़दोखाल तो बेहद मामूली हैं, शाही महफ़िल का लुत्फ़ जाता रहा। ये सुनकर महाराज ने आन की ख़ातिर अपने दीवान से कहा कि जानकीबाई को बसद एहतराम रुख़सत दी

जाए और उनकी जगह फ़ौरन कोई दूसरी गायिका बुलाई जाए। मगर जानकीबाई भी आख़िर जानकीबाई थीं। जब उन्हें ये मामला पता चला तो अपने मख़सूस लबो-लहज़े में दीवान से बोलीं कि वक़्त बहुत कम है, आप क्यों ज़हमत करेंगे। मैं ख़ुद आज की महफ़िल के लिए एक बेइंतहा ख़ूबसूरत गाने वाली बुलाए देती हूँ। मेरे साथ आई थी। पास ही के एक गाँव में महफ़िल के लिए रुकी है। मगर वो एक ही शर्त पर आती है कि गाते वक़्त परदे में रहेगी। दीदार गाना ख़त्म होने पर ही मुमकिन है। महाराजा ने सुना तो बड़े इश्तेयाक़ के साथ मंज़ूरी दे दी...मगर जानकीबाई की जगह कौन ले सकता था। यूँ हुआ कि वक़्ते-मुकर्रर पर जानकीबाई ने ख़ुद परदे के पीछे बैठकर गाना शुरू किया, और कुछ ऐसी शोख़ि-ओ-नाज़-ओ-अदा से गाया कि सामईन उनके सुरों पर मर मिटे। आवाज़ सुनकर उस परदानशीं चेहरे के तसव्वुर में दीवाने हो गए। महफ़िल ख़त्म हुई तो किसी में ताब न थी कि उस पोशीदा चेहरे को देखे बिना रह जाए। महाराज भी उस गाने वाली से मिलने के मुश्ताक़ से। आख़िर परदा हटा और जानकीबाई आदाब करते हुए जलवाअफ़रोज़ हुईं। महाराज ने देखा तो देखते रह गए। हैरतज़दा थे। कुछ बोल ही नहीं पाए...फिर ख़ुद जानकीबाई बोलीं—हुज़ूर बज़्म की रौनक़ सीरत से होती है, सूरत से नहीं। जानकीबाई का बदल कहाँ है? महाराज बहुत शर्मिन्दा हुए और उन्हें इनाम-इक़राम से नवाज़ कर बाइज़्ज़त वहाँ से रुख़सत किया।

जानकीबाई बड़े-बड़ों को लाजवाब कर देती थीं, मगर एक बार किसी ने उन्हें भी लाजवाब किया था। आख़िर छप्पन-छूरी की अदाओं को सर करने वाला कौन था? वो थे मजाज़ लखनवी, जिनकी अपनी अफ़सानवी शख़्सियत के तज़्किरे हश्र तक होते रहेंगे। हुआ ये था कि जिगर मुरादाबादी ने किसी महफ़िल में मजाज़ से जानकीबाई का तआरुफ़ करवाया था कि इनसे मिलो मजाज़! ये जानकीबाई हैं...और मजाज़ ने छूटते ही जवाब दिया था कि 'रहने दीजिए जिगर साहब, क्यों मिलवा रहे हैं, बाई कहीं की भी हो ख़तरनाक होती है और ये तो 'जान की बाई' हैं!'

तुम के बन सकती हो हर महफ़िल में फिरदौसे नज़र
मुझको ये दावा के हर महफ़िल पे छा सकता हूँ मैं!

—मजाज़ लखनवी

चाल बेडौल है ज़माने की...

तारीख़ ऐसे नामों से भरी पड़ी है जो रहती दुनिया तक याद किए जाने के हक़दार थे, मगर बहुत जल्द फ़रामोश कर दिए गए। क्योंकि बक़ौल मीर तक़ी मीर—चाल बेडौल है ज़माने की...। ऐसा ही एक नाम है राजा ठाकुर नवाब अली का, लखनऊ जिनकी याद को बहुत पहले बिसरा चुका है, मगर जिनकी ख़िदमत अब तक उसके तमद्दुन की पेशानी पर चमकती हैं। हिन्दुस्तानी संगीत के अनन्य साधक नवाब अली सीतापुर जिले की अकबरपुर स्टेट के राजा थे मगर कहलाते थे 'ठाकुर साहब'। इस बेपनाह मक़बूल उर्फियत का सबब कौमी यकजहती में उनकी अक़ीदत थी। ठाकुर साहब कैसरबाग़ में अपनी ख़ूबसूरत कोठी में रहते थे। जब तक ज़िन्दा रहे निर्विवाद रूप से हिन्दुस्तान के नम्बर एक हारमोनियम वादक कहलाते रहे। भारत में इस वाद्य को लोकप्रियता और स्वीकार्यता दिलाने में उनका बहुत बड़ा योगदान है। ठाकुर साहब लखनऊ में पंडित विष्णु नारायण भातखण्डे के सबसे क़रीबी लोगों में रहे। शहर में भातखण्डे संगीत संस्थान (जो पहले मैरिस कॉलेज ऑफ़ म्यूज़िक कहलाता था) की स्थापना उनके बग़ैर मुमकिन नहीं थी। रामपुर के नवाब से पंडित भातखण्डे का बाक़ायदा राब्ता करवाने वाले वही थे। जो भातखण्डे के जीवन की सबसे निर्णायक घटनाओं में से एक साबित हुई। मगर वो चीज़ जिसने ठाकुर साहब को संगीत की दुनिया में अमर कर दिया वो है हिन्दुस्तानी संगीत पर तीन खंडों में उर्दू में लिखी उनकी किताब 'मारफुन्नग़मात'।

ये उस ज़माने में हिन्दुस्तानी संगीत पर लिखी गई अपनी तरह की पहली और अकेली किताब थी। मशहूर फ़िल्म संगीतकार नौशाद साहब ने अपने एक लेख में इस किताब की बहुत तारीफ़ की है।

गुरुदेव रवीन्द्रनाथ टैगोर जब लखनऊ आते तो मशहूर वकील और संगीतकार अतुल प्रसाद सेन (वही जिनके नाम पर ए.पी. सेन रोड है) के घर पर रुकते थे। ए.पी. सेन ठाकुर साहब के दोस्तों में थे। एक बार जब गुरुदेव लखनऊ आए तो इत्तेफ़ाक़ से महान गायक काले खाँ (जो ठाकुर साहब के उस्ताद थे) भी लखनऊ में थे। इस मौक़े पर ठाकुर साहब ने ए.पी. सेन से कहा कि गुरुदेव के सम्मान में एक महफ़िल आरास्ता होनी चाहिए जिसके बहाने से काले खाँ साहब का गाना सुनने को मिल जाएगा। महफ़िल सजी। संगीत जगत की बड़ी-बड़ी हस्तियाँ मौजूद थीं। गुरुदेव बैठे थे, काले खाँ साहब थे, ए.पी. सेन थे, तबले पर लखनऊ की शान ख़लीफ़ा आबिद हुसैन थे और हारमोनियम पर ख़ुद राजा ठाकुर नवाब अली थे। गुरुदेव की नज़र जब हरमोनियम पर पड़ी तो वो ज़रा बेचैन हुए। कहा, ऐसे-ऐसे गुनी संगीतकारों की महफ़िल में ये बाजा कैसे? (उन दिनों बहुत से शुद्धतावादी लोग हारमोनियम को स्तरीय महफ़िलों का वाद्य नहीं मानते थे।) ए.पी. सेन ने जवाब दिया—ये ठाकुर साहब का ग़ुलाम है, जहाँ जाते हैं साथ जाता है। ठाकुर साहब ने सुना तो बस मुस्कुरा के रह गए। काले खाँ साहब ने गाना शुरू किया। सुनने वाले किसी और ही दुनिया में पहुँच गए। खाँ साहब का अन्दाज़ आज बिलकुल निराला था। ठाकुर साहब हारमोनियम पर उनके गायन की हर अदा का श्रृंगार कर रहे थे। ऐसा महसूस होता था कि हारमोनियम गायकी के हुस्न को एकदम निखारकर सामने ले आया है। तबले पर ख़लीफ़ा थे सो कहना ही क्या। महफ़िल जब ख़त्म हुई तो गुरुदेव ने ठाकुर साहब से कहा—मैं क़ायल हो गया आपके हारमोनियम का। इस तरह गुरुदेव भी उन बेशुमार लोगों में शामिल हो गए। ठाकुर साहब ने हारमोनियम के बारे में जिनकी राय बदल दी।

लखनऊ के रिक्शेवाले

लखनऊ वो शहर है जहाँ रिक्शेवाले अपनी दिलचस्प गुफ़्तगू के लिए ख़ासतौर पर मशहूर हैं। यहाँ अक्सर ऐसा होता है कि जब कोई रिक्शेवाले से पूछता है कि इमामबाड़ा चलोगे ? तो रिक्शेवाला ख़ास लखनउवा अन्दाज़ में जवाब देता है—इमामबाड़ा हम बहुत बार देख चुके। कहीं और ले चलिए तो चलें! यहाँ रिक्शेवालों के भी अपने आदाब हैं। रिक्शे पर सवारी करने से पहले रिक्शेवाले से एहतरामन ये पूछना ज़रूरी है—'ए रिक्शा...ख़ाली ?' ये जुमला लखनऊ के 'रिक्शा जगत' में एक तरह का खुल जा सिम-सिम है जिसके बिना रिक्शेवालों की रहमत का दरवाज़ा आपके लिए नहीं खुल सकता। एक बार एक रिक्शेवाला अपने रिक्शे पर बैठकर बेसब्री के साथ सवारी का इन्तज़ार कर रहा था। उसे बहुत देर से कोई सवारी नहीं मिली थी। अचानक उसे एक आदमी आता हुआ दिखाई दिया। रिक्शेवाले ने ये सोचकर राहत की साँस ली कि सवारी आ रही है। वो आदमी आया और रिक्शे पर सवार होकर रऊनत भरे लहज़े में बोला—साहू ले चलो उड़ाते हुए। रिक्शेवाले ने जवाब दिया—ख़ाली नहीं है साहब। वो आदमी खिसियाकर चला गया। ये देखकर पास खड़े एक सब्ज़ीवाले ने रिक्शेवाले से पूछा—इतनी देर से सवारी का इन्तज़ार कर रहे थे, जब मिली तो गए क्यों नहीं ? रिक्शेवाले ने जवाब दिया—हमसे पूछा ही नहीं कि ख़ाली हो या नहीं...सीधा बैठ के ऑर्डर देने लगे। देते रहो ऑर्डर! सब्ज़ीवाला मुस्कुराते हुए बोला—नक़्शेबाज़ी ज़रा कम दिखाया

करो। रिक्शेवाला बोला—नक़्शेबाज़ी हम दिखाते ही नहीं। सब्ज़ीवाले ने पूछा—फिर क्या दिखाते हो? रिक्शेवाले ने जवाब दिया—रिक्शेबाज़ी! इसके बाद दोनों खिलखिला के हँस दिए।

इस शहर की रिक्शेबाज़ी मशहूर है। आप किसी गोल दरवाज़े पर खड़े होकर किसी रिक्शेवाले से इमामबाड़े तक पहुँचाने के पैसे पूछिए तो वो पहले लखनवी अन्दाज़ में आपसे कहेगा कि जो पड़ते हों दे दीजिएगा। आप इस लखनवीयत के क़ायल हो जाएँगे...और अगर आपने रिक्शेवाले को उसकी तवक़्क़ो से कम मेहनताने की पेशकश की और इसे जायज़ करार देने के लिए रिक्शेवाले को ये दलील दी कि टेम्पो तुमसे कम पैसे में तुमसे जल्दी पहुँचा देता है तो रिक्शेवाला फ़ौरन एक ऐसी बात कहेगा कि आपकी सारी दलीलें चारों ख़ाने चित हो जाएँगी, बशर्ते आप बेहिस न हों। वो पहले आपको बताएगा कि टेम्पो चलता है गैस से और रिक्शा चलता है ख़ून से फिर याद दिलाएगा कि टेम्पो में बैठते हैं मरीज़ की तरह, रिक्शे पे बैठते हैं बादशाह की तरह। अगर आप ग़ौर करें तो पाएँगे कि उसकी बात में दम तो है। रिक्शेवालों के बाँकपन का भी जवाब नहीं। इनके रिक्शे में एक छतरी होती है। ये बज़ाहिर अहदे क़ब्ले मसीह यानी ईसा पूर्व की नज़र आती है और आमतौर पर अपने आपको खुलने से माज़ूर बताती है, मगर किसी ज़ोहरा-जबीं के रिक्शे की जानिब आते ही उसके एहतराम में फैल जाती है। रिक्शा चलाना एक काम नहीं बल्कि एक फ़न है और रिक्शेवाले इस फ़न के कितने अज़ीम फ़नकार हैं, ये भेद भी तब खुलता है जब रिक्शे पर कोई सिन्फ़-ए-नाजुक बैठी हो। लखनउवा रिक्शेवाले तब ऐसी-ऐसी काट, ऐसे-ऐसे करतब दिखाते हैं मानो ऐसा करके सवारी के मंज़िल-ए-मक़सूद तक पहुँचने के पहले ही वो उसके दिल तक पहुँच जाएँगे। बहरहाल इस शहर के रिक्शेवालों की हर अदा निराली है। एक बार एक आदमी को उसके घर तक पहुँचाने का किराया तीस रुपए तय हुआ। घर पहुँचने पर आदमी ने रिक्शेवाले को तीस रुपए दिए तो उसने बड़े ख़ुलूस से पाँच रुपए वापस कर दिए। आदमी ने हैरत के साथ पूछा—बात तो तीस रुपए की हुई थी। रिक्शेवाला बोला—जी...मगर आप चढ़ाई पर उतर गए थे और हमने पैसा चढ़ाई जोड़ के बताया था।

सुनते तो ये भी हैं कि एक दफ़ा दिल्ली में कड़ाके की ठंड पड़ी। वहीं एक

नवाब साहब दीन-दुनिया से बेख़बर अपनी रज़ाई में बैठे आग ताप रहे थे। अचानक उनकी बेगम ने देखा कि नवाब साहब की रज़ाई ने आग पकड़ ली है और नवाब साहब को पता ही नहीं है। वो तो आग तापने में लगे हैं। बेगम ने फ़ौरन रज़ाई नवाब साहब से अलग की और ग़ुस्से में फ़रमाया—सारी रज़ाई जल गई बैठे हैं तापने! मगर नवाब साहब तो नवाब साहब थे, उन्होंने बेगम के ग़ुस्से का थोड़ा भी ख़याल नहीं किया। उलटे शोख़ी भरे अन्दाज़ में कहा—सारी रज़ाई जल गई बैठे हैं तापने! वाह ये तो मिसरा कह दिया बेगम आपने। इस पर तो गिरह लगनी चाहिए। ये सुनके बेगम ने सर पीट लिया। मगर नवाब साहब संजीदा थे। अगले दिन लखनऊ जाने वाली रेलगाड़ी में बैठे कि वहीं चलकर इस लाजवाब मिसरे पर गिरह लगवाई जाएगी।

उन दिनों दिल्ली से मिसरे आते थे और लखनऊ उन पर गिरह लगाने के लिए मशहूर था। गाड़ी चारबाग़ स्टेशन पहुँची तो नवाब साहब ने बाहर निकलकर चौक का रिक्शा किया। रिक्शा स्टेशन से आगे बढ़ा तो रिक्शेवाले ने अज़राहे गुफ़्तगू नवाब साहब से उनके लखनऊ आने का मक़सद पूछा। नवाब साहब ने बताया कि वो दिल्ली से एक मिसरे पर गिरह लगवाने लखनऊ आए हैं। रिक्शेवाले ने जब ये सुना तो तपाक से बोला—हुज़ूर इसके लिए चौक तक की ज़हमत क्यों उठाएँगे, ये मसअला तो स्टेशन ही पे हल हो जाता। ख़ाकसार को बताया तो होता। नवाब साहब ये सुनके बिगड़ गए, और मगरूर अन्दाज़ में बोले—ये अदबी मामलात हैं, तुम्हारे जैसे क्या समझेंगे? रिक्शेवाला भी लखनवी था बोला—हुज़ूर, आप सही कह रहे हैं। मैं तो क़लम पकड़ना भी नहीं जानता... मगर आप जैसों का ख़िदमतगार तो हूँ। ख़ादिम को मिसरा अता कीजिए। नवाब साहब लखनवी तर्ज़े गुफ़्तगू के इस दाम में गिरफ़्तार होने से न बच सके और लहककर ये मिसरा पढ़ा—सारी रज़ाई जल गई बैठे हैं तापने। रिक्शेवाले ने फ़िलबदीह उसी लबो-लहज़े में शेर मुकम्मल किया—ऐसा भी चूतिया कहीं देखा है आपने। शेर मुकम्मल हो चुका था इसलिए नवाब साहब को चौक जाने की ज़रूरत नहीं पड़ी। वो आधे रास्ते से ही चारबाग़ वापस आए और दिल्ली रुख़सत हुए।

इसी से मिलता-जुलता एक क़िस्सा और मिलता है। दिल्ली से एक साहब ये मिसरा लेकर लखनऊ आए—रग-ए-गुल से बुलबुल के पर बाँधते हैं। चारबाग़

स्टेशन पर उन्होंने किसी रिक्शेवाले को ये मिसरा सुनाया और कहा—किसी उस्ताद के पास ले चलो जो शेर मुकम्मल कर सके। वो नहीं जानते थे कि लखनउवा रिक्शेवाले ख़ुद अपने आप में उस्ताद हैं। शेर वहीं पर, यूँ मुकम्मल हुआ—'सुना है के दिल्ली में उल्लू के पट्ठे, रग-ए-गुल से बुलबुल के पर बाँधते हैं।'

उल्लू और बुलबुल को इस तरह एक साथ बैठाना...क्या बाक़ी रहा कहने को।

मिर्ज़ा इनायत अली बेग की हिम्मत

लखनऊ में एक थे मिर्ज़ा इनायत अली बेग। थे तो बादशाह नसीरुद्दीन हैदर के ज़माने में मगर थे आम आदमी। बादशाही फ़ौज में एक अदना मुलाज़िम थे। निहायत ग़रीब, जैसे-तैसे अपना और घरवालों का पेट पालने वाले। बस एक ख़ूबी थी जिसकी वजह से आज तक मशहूर हैं। वो ये कि डट के लड़ते थे और कभी हार नहीं मानते थे फिर चाहे लड़ाई दुश्मन से हो या अपनी ग़रीबी से।

एक दफ़ा किसी गढ़ी के राजा ने दो साल तक सरकारी मालगुज़ारी अदा नहीं की। इतना ही नहीं, बादशाह के सन्देशों का जवाब देना भी बन्द कर दिया। इसके साथ ही अपना एक क़िला तामीर करवाया और एक छोटी-मोटी सेना भी तैयार कर ली। बादशाह को जब इन बाग़ी तेवरों का पता चला तो उन्होंने राजा की अक़्ल ठिकाने लगाने के लिए अपनी फ़ौज भेजी। मगर राजा इसके लिए बहुत पहले से तैयार था। बादशाही फ़ौज गई तो उसने क़िले के दरवाज़े ही नहीं खोले और छत से छुपकर हमला शुरू किया। दस दिन तक कोशिश करने पर भी और काफ़ी नुकसान उठाने के बाद भी बादशाही फ़ौज क़िला फतेह न कर पाई और वापस लौट आई। बादशाह को बहुत ग़ुस्सा आया। उसने अपने फ़ौज के तमाम छोटे-बड़े लोगों को बात करने के लिए बुलाया। मिर्ज़ा बेग भी पहुँचे। उन्होंने बादशाह से कहा कि अगर उन्हें थोड़ी-सी फ़ौज मुहैया

करवा दी जाए तो वो राजा को गिरफ़्तार करके ला सकते हैं। बेग की बात सुनकर सब हँसे। मगर बेग अपने इरादे के पक्के थे। उन्होंने बादशाह से कहा कि एक बार उन पर भरोसा करके देख लिया जाए। बादशाह बोले—सोच लो बेग। अगर ख़ाली हाथ लौटे तो गरदन उड़ा दी जाएगी। बेग ने मुस्कुराकर कहा—अगर ये बात है बादशाह सलामत तो मैंने आपको अपना ख़ून माफ़ किया।

बादशाह ने मिर्ज़ा को एक छोटी सी फ़ौज के साथ राजा पर हमले की इजाज़त दे दी। मिर्ज़ा अपने साथ दो बेहतरीन बढ़ई भी ले गए। क़िले के पास पहुँचने पर उन्होंने फ़ौज को थोड़ी दूरी पर रोक दिया और ख़ुद दोनों बढ़ई को लेकर क़िले के दरवाज़े पर पहुँचे। चूँकि बादशाही फ़ौज दस दिन की हिम्मत के बाद पस्त होकर लौटी थी इसलिए राजा को इतनी जल्दी हमले की उम्मीद नहीं थी। राजा और उसके सिपाही दस दिन की जंग के बाद थक चुके थे इसलिए आराम की मुद्रा में आ गए थे। मिर्ज़ा ने अपने साथ गए दोनों बढ़ई से आहिस्तगी के साथ फाटक में चीरा लगाने को कहा। उन दोनों ने बहुत कम वक़्त में और बहुत कम आवाज़ करते हुए दरवाज़े को इतना चीर दिया कि मिर्ज़ा उसमें से निकल सकें। इससे पहले कि क़िले के अन्दर किसी को घुसपैठ की ख़बर होती मिर्ज़ा ने राजा को पकड़ लिया और उसके मुहाफ़िज़ों से कहा कि अगर किसी ने कोई हिमाकत की तो राजा अपनी जान से हाथ धो बैठेगा। इतने में बादशाही फ़ौज भी वहाँ पहुँच गई। आख़िरकार राजा को गिरफ़्तार करके बादशाह के हुज़ूर में लाया गया। उसने बादशाह से अपनी गुस्ताख़ियों के लिए माफ़ी माँगी। दरबार में मौजूद सभी लोगों ने मिर्ज़ा की हिम्मत को सलाम किया। इस तरह सब पर वाज़ेह हुआ कि मिर्ज़ा इनायत अली बेग की हिम्मत यूँ ही मशहूर नहीं।

मिर्ज़ा की इस फ़तेह से ख़ुश होकर बादशाह ने उन्हें इनाम देना चाहा। पहले तय हुआ कि मिर्ज़ा को घोड़ा दिया जाएगा। मगर फिर मुसाहिबों ने बताया कि इस वक़्त इनाम में देने लायक़ घोड़ा उपलब्ध नहीं है। बादशाह की तरफ़ से अगर आम घोड़ा इनाम में दिया गया और अगर कहीं बाद में वो मर गया तो सरकार की बड़ी जगहँसाई होगी। इसके बाद घोड़े की जगह मिर्ज़ा को इनाम में एक बढ़िया हाथी दिया गया जिसके गले में शाही निशान वाला एक घंटा बँधा था। इतना ही नहीं बादशाह की तरफ़ से हाथी की देखभाल के लिए एक पीलवान भी दिया गया। हाथी की ख़ुराक और पीलवान की तनख़्वाह भी दरबार

की तरफ़ से मुकर्रर की गई। मिर्ज़ा हाथी और पीलवान के साथ घर आ गए।

मिर्ज़ा ग़रीब आदमी थे। परिवार बड़ा था और घर छोटा। हाथी के लिए जितनी जगह चाहिए होती है, मिर्ज़ा के पास थी ही नहीं। इसके साथ ही हाथी पालने के और भी बहुत तामझाम थे जिनसे मिर्ज़ा को जूझना पड़ता था, पीलवान होने के बावजूद। आख़िरकार एक दिन मिर्ज़ा ने हाथी का घंटा खोलकर अपने पास रख लिया और हाथी तीन हज़ार रुपए में बेच दिया। पीलवान को भी नौकरी से बरतरफ़ कर दिया। मगर दरबार से हाथी की खुराक और फीलवान की तनख़्वाह बराबर लेते रहे, और इसी से अपना घर चलाते रहे। एक दिन बादशाह को ख़बर लग ही गई कि मिर्ज़ा ने हाथी बेच दिया है। बादशाह ने उन्हें फ़ौरन दरबार में तलब किया। अब मिर्ज़ा हाथी का घंटा गले में लटकाकर दरबार में आए। बादशाह ने मिर्ज़ा के गले में घंटा देखकर उनसे पूछा कि ये क्या तमाशा है, घंटा तुम्हारे गले में क्यों है? हाथी कहाँ है? अब मिर्ज़ा बोले—सरकार ग़रीब आदमी के लिए परिवार चलाना पहले ही हाथी पालने से ज़्यादा मुश्किल होता है, उस पर आपने एक हाथी और दे दिया। अब बताइए ग़रीब आदमी दो हाथी कैसे पाले। इसलिए मैंने एक हाथी बेच दिया और उसकी वजह से जो पैसा मिला उसे अपने परिवार पर ख़र्च कर दिया। रही बात इस घंटे की तो ये मैंने इसलिए गले में लटका रखा है ताकि हाथी के पैसे को परिवार पर ख़र्च करते वक़्त मैं कहीं बादशाह सलामत के अहसान को फ़रामोश न कर दूँ। ये घंटा मुझे हमेशा इस बात की याद दिलाएगा कि मेरा परिवार अगर सुकून से बसर कर रहा है तो सिर्फ़ और सिर्फ़ आपकी सख़ावत की वजह से। अगर आपके ख़र्च से हाथी की जगह मेरा परिवार पल रहा है तो ये घंटा भी मेरे गले पर ही ज़ेब देगा।

बात सुनकर नसीरुद्दीन हैदर मुस्कुराए और एलान किया कि एक हाथी का ख़र्च और ख़ुराक मिर्ज़ा के घर ताउम्र भेजी जाती रहेगी। ये सुनकर मिर्ज़ा बादशाह की दरियादिली के क़ायल हो गए और आन की आन में उन्होंने भी एलान कर दिया कि आज से पूरी ज़िन्दगी मिर्ज़ा इनायत अली बेग जब भी घर के बाहर क़दम रखेंगे हाथी का ये घंटा उनके गले में लटका दिखेगा। इसके बाद ये घंटा मिर्ज़ा की वज़ादारी में शामिल हो गया जिसे उन्होंने उम्र भर निभाया। गले में लटके इस घंटे की वजह से धीरे-धीरे मिर्ज़ा का नाम घंटा बेग मशहूर हो गया। इन्हीं घंटा बेग उर्फ़ मिर्ज़ा इनायत अली बेग के नाम पर

लखनऊ के कश्मीरी मोहल्ले में घंटा बेग की गढ़इया आज तक मशहूर है।

ये किस तरह वजूद में आई, इसका क़िस्सा सुनिए। घंटा बेग दरगाह हज़रत अब्बास के पीछे की तरफ़ एक मैदान में रहते थे। जहाँ उनका कच्चा मकान था। आसपास और भी छोटे-बड़े कच्चे मकान थे। एक बार बारिश कुछ इस तरह हुई कि शहर के ज़्यादातर कच्चे मकान ढह गए। मिर्ज़ा का मकान भी मिट्टी हो गया। मगर मिर्ज़ा तो मिर्ज़ा थे। हार मानना तो सीखा ही नहीं था। उन्होंने अपने घरवालों को एक महफूज़ मक़ाम पर भेज दिया और ख़ुद परेशानियों से दो-दो हाथ करने लगे। सबसे पहले मिर्ज़ा ने अपने घर की सारी लकड़ी फ़रोख़्त कर दी और फिर गिरे हुए मकान की मिट्टी उन लोगों को दो आना रोज़ पर बेचनी शुरू की जो लोग अपना कच्चा घर बनाना चाहते थे। मिर्ज़ा ने उनसे कहा कि दो आना दो और शाम तक जितनी मिट्टी ले जा सकते हो ले जाओ। मकान बनवा रहे काफ़ी लोगों ने मिर्ज़ा से मिट्टी ख़रीदी। इसके बाद जब मिट्टी ख़तम हो गई तो मिर्ज़ा ज़मीन ख़ोदकर मिट्टी निकालने और बेचने लगे। इस तरह उन्होंने तक़रीबन साल भर तक मिट्टी बेची और इसके ज़रिए अपने मकान की असल क़ीमत से ज़्यादा रुपए कमा लिए।

ये क़िस्सा जिसने भी सुना, वो मिर्ज़ा का क़ायल हो गया। लगातार मिट्टी खोदे जाने से उस मैदान में एक गहरी गढ़इया बन गई जो घंटा बेग की गढ़इया कहलाई। कहा जाता है कि एक ज़माने में ये गढ़इया इतनी बड़ी थी कि इसमें हाथी डूब जाते थे। बरसात में ये गढ़इया एक लबालब तालाब बन जाती थी। इसमें धोबी कपड़े धोते और जानवर पानी पीते थे। इस गढ़इया ने घंटा बेग को ऐसी शोहरत दी थी कि उनकी देखादेखी मिर्ज़ा अज़ीम बेग चमनदार ने भी अपना मकान ख़ुदवाकर मिट्टी बेची और गढ़इया बनवाई थी मगर उसे वो नाम न मिला क्योंकि वो गढ़इया जल्द ही सूख गई थी और पटकर मैदान बन गई थी। घंटा बेग की गढ़इया का नाम आज तक लिया जाता है। हालाँकि घंटा बेग की गढ़इया अब गढ़इया न होकर एक इलाक़े का नाम है। जहाँ रहने वाले कुछ लोग उस गढ़इया का क़िस्सा जानते हैं, कुछ नहीं भी जानते। घंटा बेग की वो मशहूर गढ़इया ख़ुद घंटा बेग ने ही एक ख़ास वजह से पटवा दी थी।

आख़िर घंटा बेग ने अपनी गढ़इया को पटवा क्यों दिया। इसे जानने के लिए हमें बादशाह मोहम्मद अली शाह के दौर के लखनऊ का रुख़ करना पड़ेगा।

जब एक ख़्वाजासरा दयानतुद्दौला बहुत मशहूर था। दयानतुद्दौला की ख़ुदापरस्ती लखनऊ ही नहीं बल्कि पूरे अवध में मशहूर थी। उन पर शाही दरबार की रहमतें बरसती थीं। बादशाह के ख़ास लोगों में एक दयानतुद्दौला भी थे। मोहम्मद अली शाह ने हुसैनाबाद को कुछ इस दिलकशी से सजाया कि आज भी पूरा शहर एक तरफ़ और लखनऊ का ये हिस्सा एक तरफ़। जब मोहम्मद अली शाह ने हुसैनाबाद की आराइश से फराग़त हासिल की तो बादशाह से फ़ैज़ पाकर दयानतुद्दौला ने भी सआदतगंज के पास अपनी कर्बला बनवाई। जब बादशाह को इस बात की ख़बर हुई तो उन्होंने दयानतुद्दौला से पूछा कि क्या तुमने भी कर्बला बनवाई है? इस पर दयानतुद्दौला ने अर्ज़ किया—जी हाँ, फिदवी ने भी हुज़ूर के इक़बाल से एक कर्बला बनवाई है, और अपनी तमाम जायदाद इसके ख़र्च के वास्ते वक़्फ़ कर दी है। बादशाह बहुत ख़ुश हुए और फ़रमाया—हम भी इंशाअल्ला कल ज़ियारत करेंगे। अब दयानतुद्दौला को ये चिन्ता हुई कि बादशाह की सवारी तो हाथी पर जुलूस के साथ निकलेगी। अगर मंसूर नगर की तरफ़ से तशरीफ ले जाएगी तो वहाँ एक छत्ता पड़ता है और सवारी का जुलूस उस तरफ़ से नहीं निकल सकता...और अगर दरगाह हज़रत अब्बास की तरफ़ से सवारी जाए तो बीच में घंटा बेग की गढ़इया पड़ती है। यानी सवारी का निकलना नामुमकिन है। बादशाह भी सोचेंगे कि कैसा अहमक है जिसने ऐसे मक़ाम पर कर्बला बनवाई और सवारी वापस चली आएगी। दयानतुद्दौला ने सोचा कि अगर बादशाह कर्बला की ज़ियारत न कर सके तो उनकी बड़ी रुसवाई होगी। वो इस मुश्किल का हल सोचने लगे। उनके एक परिचित दरोगा सैयद हसन अली हसन बहुत होशियार आदमी थे। सो दयानतुद्दौला ने फ़ौरन उनसे मशवरा किया। काफ़ी देर दिमाग़ खपाने के बाद हसन अली बोले और तो कोई सूरत बन नहीं पड़ती है, मैं घंटा बेग से तय करके रातोरात गढ़इया पटवा दूँगा। मगर हाँ ख़र्च ज़्यादा होगा। दयानतुद्दौला तपाक से बोले—चाहे जो ख़र्च हो बस बात रह जाए। इसके बाद हसन अली ने घंटा बेग को मुँहमाँगी क़ीमत देकर मामला तय किया। इसके बाद घंटा बेग ने तमाम शहर के गधे वालों और मज़दूरों को बुलाकर कहा कि किसी भी तरह आज शाम तक इस गढ़इया के बीच से एक सड़क निकालो। कल यहाँ से बादशाह की सवारी निकलनी है। काम बहुत मुश्किल था। किसी को यक़ीन नहीं आ रहा था कि शाम तक गढ़इया में सड़क बन सकती है। ये देखकर अपने

जीवट और ज़िन्दादिली के लिए मशहूर घंटाबेग ने इस भागीरथ प्रयास के नेतृत्व ज़िम्मा अपने कन्धों पर लिया। दयानतुद्दौला बहादुर तो साथ थे ही। सड़क बनाने का काम शुरू हुआ। हज़ारों गधे मिट्टी लाद-लादकर गढ़इया के पानी में डालने लगे। मज़दूरों ने भी मिट्टी और कूड़ा लाकर डाला। काम को मज़बूती देने के लिए लकड़ियाँ लगाई गईं। घंटाबेग सिर्फ़ मज़दूरों को दिशा-निर्देश और हौसला ही नहीं दे रहे थे बल्कि ख़ुद भी जुटे थे। इस तरह लगातार मेहनत के बाद शाम तक तो नहीं मगर सुबह होते-होते गढ़इया के बीच से एक चौड़ी सड़क बन गई। आख़िर इसी सड़क से बादशाह की सवारी निकली। बादशाह ने कर्बला की ज़ियारत की। जब दयानतुद्दौला ने उन्हें सड़क वाला क़िस्सा बताया तो वो एक बार फिर घंटा बेग की हिम्मत और हौसले के क़ायल हो गए। उन्होंने फ़ौरन अपनी तरफ़ से घंटाबेग को पाँच सौ रुपए इनाम में दिए।

मिर्ज़ा बहुत लहीम-शहीम और गोरे-चिट्टे थे। अवध की शाही फ़ौज में सवार मुलाज़िम थे, मगर दुश्वारियाँ बहुत थीं। उस ज़माने में सवारों की तनख़्वाह बहुत कम होती थी। इसके साथ ही घोड़े के रख-रखाव का ख़र्च भी ख़ुद ही उठाना पड़ता था। इसलिए सवारों से पैदल बेहतर थे। दूसरी मुसीबत ये थी कि जो घोड़ा मिर्ज़ा की सवारी में रहता वो दो महीने से ज़्यादा ज़िन्दा न रहता था। यही वजह थी कि नवाब ने उन्हें इनाम में घोड़ा न देकर हाथी दिया था। दरअसल मिर्ज़ा ख़ुद भी बेहद भारी-भरकम शख़्स थे। इसके अलावा फ़ौजी होने की वजह से उनके तन पर चार आईना, ज़िरहबख़्तर, कमरबन्द, नेज़े, तलवार-ढाल वग़ैरह भी रहता था। इसकी वजह से घोड़े पर ज़रूरत से ज़्यादा बोझ पड़ता था। जब अमले की तरफ़ से तैनाती होती तो अलग से कुछ आमदनी तो हो जाती मगर मिर्ज़ा बेचारे घोड़ा होने के बावजूद पैदल जाते थे। ग़रीबी का आलम था। एक दफ़ा किसी मुहिम से लौट रहे थे। इस दौरान एक सराय में दाख़िल हुए। हमेशा की तरह उन्हें तेज़ भूख लगी थी। सराय की देखरेख एक ग़रीब और सादामिज़ाज भटियारिन के ज़िम्मे थी। मिर्ज़ा ने उससे कहा कि ढाई सेर आटे की रोटी और आठ सेर गोश्त पका ले। इन्हें देखते ही भटियारिन को लगा कि ये कोई मामूली आदमी नहीं हैं। उसने पूछा आप कितने आदमी हैं तो बोले अभी आठ आदमी और आ रहे हैं। जब वो खाना पकाकर लाई तो मिर्ज़ा साहब ने अकेले ही वो सब खाना शुरू कर दिया। अब भटियारिन हैरत के साथ मिर्ज़ा को देखने लगी। इस पर मिर्ज़ा को शरारत सूझी। उन्होंने

भटियारिन से सरगोशी के साथ कहा—देखो भटियारिन मैं आदमी नहीं हूँ, जिन्न हूँ, जो कुछ तुम कहोगी तुम्हारा काम पूरा कर दूँगा। कुछ खाना और भी हो तो मुझे खिला दो। भूख बहुत लगी है। ये सुनकर भटियारिन भागी और सराय में जो कुछ भी खाने लायक़ पड़ा था सब लाकर मिर्ज़ा साहब के सामने रखा और कहा—खाओ जिन्न महाराज। मिर्ज़ा भटियारिन की हालत पर मुस्कुराए और बड़े आराम से सारा खाना ख़त्म किया। इसके बाद मिर्ज़ा भटियारिन से बोले—'सब कुछ बड़े मज़े का था'...भटियारिन इस क़दर हैरान थी कि जवाब में कुछ न कह सकी। मिर्ज़ा के पास उस वक़्त जितना भी पैसा था उन्होंने सब उस भटियारिन को दे दिया। इतना ही नहीं उन्होंने अपना घोड़ा भी भटियारिन के हवाले कर दिया और ये कहते हुए वहाँ से लौट आए कि रूह को तस्क़ीन हो तो सब कुछ लुटा देना चाहिए।

मिर्ज़ा ने अस्सी बरस की उम्र पाई। आख़िरी उम्र में शाही दरबार के आश्रितों में शामिल हो गए थे जिससे ठीक-ठाक रकम मिल जाती थी। बहादुर भी थे और ख़ुशमिज़ाज भी। उनकी हिम्मत और ताक़त लखनऊ भर में मशहूर थी। मगर अफ़सोस ये कि आख़िरी वक़्त में ख़ानानशीं होकर रह गए थे। बाहर बिलकुल नहीं निकलते थे। जाने किस बात का ग़म था उन्हें कि सबसे मिलना-जुलना छोड़ दिया था। जबकि पैसे वग़ैरह की कोई दिक़्क़त नहीं रह गई थी। किसी का कर्ज़ भी नहीं था, जायदाद को बेचकर ख़ूब रकम मिल जाती थी। लेकिन घर से निकलना गवारा न था। दरवाज़े पर हमेशा एक पहरेदार नौकर रहा। शरीफ़ाना आन-बान से ज़िन्दगी बसर की। रवादारी ऐसी कि हाथी का घंटा मरते दम तक गले में पड़ा रहा। अमजद अली शाह के ज़माने में दुनिया से कूच किया और अज़ीमुल्ला ख़ाँ की कर्बला में दफ़्न हुए।

पत्थर थे कि गौहर थे अब इस बात का क्या ज़िक्र
इक मौज बहरहाल बहा ले गई हमको

—इरफ़ान सिद्दीक़ी

रह गई बाक़ी ज़बाँ पर दास्ताने लखनऊ

ये तो सब जानते हैं कि लखनऊ कभी हिन्दुस्तान में दास्तानगोई का सबसे बड़ा मर्कज़ हुआ करता था। अहमद हुसैन कमर, अम्बा प्रसाद रसा, मोहम्मद हुसैन जाह, हकीम असग़र अली, शेख़ तसद्दुक हुसैन जैसे एक से बढ़कर एक दास्तानगो लखनऊ की शान रहे हैं। गुज़िश्ता लखनऊ में पैसे वाले लोग बाक़ायदा दास्तानगोयों को अपनी मुलाज़िमत में रखते थे। लखनऊ से पहले दास्तानों में सिर्फ़ रज़्म और बज़्म होते थे। लखनऊ आने के बाद इस फ़न में तिलिस्म और अय्यारी भी जुड़ गए। दास्तान असल में एक लम्बी कहानी होती थी जिसमें कई छोटी-छोटी कहानियाँ आपस में बुनी रहती थीं। दास्तानगो इन्हें कई-कई रोज़ तक सुनाते रहते थे और फिलबदीह इनमें नई कहानियाँ जोड़ते जाते थे। दास्तान में नए-नए विवरण और क़िस्से जोड़कर उसे बढ़ाने को तूल देना कहा जाता था। लखनऊ के दास्तानगो तूल देने की कला में माहिर थे। कई बार तो दास्तानगो दास्तान की किसी मुख्य घटना पर ठहरकर सिर्फ़ घटना के छोटे-छोटे विवरण बताते हुए ही दास्तान लम्बी कर देते थे। इसे दास्तान रोकना कहते थे। दास्तान रोकने और तूल देने के बारे में एक क़िस्सा बहुत मशहूर है। गुज़रे ज़माने में लखनऊ में एक नवाब साहब हुआ करते थे जिन्हें देर से नींद आने का मर्ज़ था। लखनऊ का एक उस्ताद दास्तानगो हर रात नवाब साहब को दास्तान सुनाता था। एक रात रुखसती के वक़्त उसने नवाब साहब से अर्ज़ किया कि वह हज पर जाना चाहता है। नवाब साहब दास्तानगो से बोले—

"मुझे ख़ुशी है कि आप हज पर रवाना हो रहे हैं, लेकिन आपकी ग़ैरहाज़िरी में मुझे क़िस्सा कौन सुनाएगा? इस पर दास्तानगो बोला—"हुज़ूर आप ज़रा भी फ़िक्र न करें। मेरा सबसे उम्दा शागिर्द आपकी ख़िदमत करेगा।" उस्ताद ने अपने शागिर्द को बुलाकर कहा कि मैं हज पर जा रहा हूँ कल से तुम इस मोड़ से क़िस्सा आगे बढ़ाना—"जंग के हालात बन चुके हैं। महल के बाहर फ़ौजों का जमावड़ा लग रहा है। बादशाह जंग के लिए तैयार हो रहा है। उसे महल से बाहर निकलकर अपनी फ़ौजों की अगवानी करनी है।" शागिर्द ने कहा—"ठीक है उस्ताद, मैं कल से यहाँ से दास्तान को आगे बढ़ाऊँगा।" दास्तानगो जब दो महीने बाद हज करके वापस आया तो उसने डरते-डरते नवाब साहब से पूछा कि नवाब साहब मेरे शागिर्द ने आपको दास्तान सुनाने में कोई लापरवाही तो नहीं की? नवाब साहब हँसते हुए बोले—"आपका शागिर्द तो कमाल की दास्तान कहता है। मैं उससे बहुत ख़ुश हूँ।" उस्ताद की साँस में साँस आई और उन्होंने शागिर्द से पूछा कि दास्तान किस मोड़ तक पहुँची ताकि उसी मोड़ से वो उसे आगे बढ़ा सके। शागिर्द ने अर्ज़ किया—"हुज़ूर ख़ाकसार को क्या इख़्तियार था कि आपकी ग़ैर मौजूदगी में बादशाह को महल से बाहर निकाल लाता। आप कहानी उसी मोड़ से आगे बढ़ा सकते हैं जहाँ आप उसे छोड़कर गए थे। मतलब ये कि शागिर्द ने दास्तान उस जगह से आगे बढ़ाई ही नहीं जहाँ उस्ताद छोड़कर गए थे। वो दो महीने तक सिर्फ़ जंग के लिए राजा की तैयारियों का विवरण ही सुनाता रहा और इतने दिलकश अन्दाज़ में सुनाता रहा कि राजा की दिलचस्पी दास्तान में बराबर बनी रही। ये था लखनऊ वालों का हुनर...

अब कहाँ वो लखनऊ वो साक़िनाने लखनऊ
रह गई बाक़ी ज़बाँ पर दास्ताने लखनऊ

—मुज़फ़्फ़र अली असीर

मुझको अगर है इश्क़ तो हिन्दोस्ताँ से है

क़िस्सा राजा जियालाल या जयलाल का। जिनको जानने वाले लखनऊ में कम नहीं होंगे। मगर मेरी ये ख़्वाहिश है कि लखनऊ का हर एक शहरी उनको जाने।

हज़रतगंज में तुलसी सिनेमा के पास एक छोटा सा पार्क है जो राजा जियालाल उर्फ़ राजा जयलाल सिंह के नाम से मंसूब है। राजा जियालाल 1857 की पहली जंग-ए-आज़ादी में बेगम हज़रत महल के साथ अंग्रेज़ों के ख़िलाफ़ लड़े थे और 1858 में बरतानिया हुकूमत ने उन्हें उसी जगह एक इमली के पेड़ पर फाँसी की सज़ा दी थी जहाँ आज उनके नाम का पार्क है। राजा जियालाल वाजिद अली शाह के सबसे ख़ास वज़ीरों में से एक और वित्तीय प्रबन्धन के विशेषज्ञ थे। शाहे अवध उन पर इतना भरोसा करते थे कि वही हुकूमत-ए-वाजिद अली शाह के मुख्य प्रवक्ता भी थे। जान-ए-आलम के निर्वासन के बाद जब लखनऊ में गदर की शुरुआत हुई तो बिरजिस क़द्र को बादशाह घोषित करने का प्रस्ताव देने वाले और इस प्रस्ताव के पक्ष में अवध के प्रभावी लोगों और सेनानियों के बीच सहमति और माहौल बनाने वाले भी राजा जियालाल ही थे। जियालाल ने ही उस हुजूम का नेतृत्व भी किया था जो बिरजिस क़द्र की ताज़पोशी करवाने के लिए बेगम हज़रत महल के पास गया था। 1857 की लड़ाई के दौरान वो बेगम की फ़ौज के मुख्य सेनापति थे। इस

दौरान शाही फ़ौज का वित्तीय प्रबन्धन भी उन्हीं के ज़िम्मे था। यहाँ सबसे महत्त्वपूर्ण ये बात है कि ग़दर के दौरान राजा जियालाल ऐसे अकेले शख़्स थे जिन्हें ये बात मुकम्मल तौर पर पता थी कि अवध का शाही ख़ज़ाना कहाँ छिपा है। इनका एक दामाद था बाबू जयराम जिसे ये अपने बेटे की तरह अज़ीज़ रखते थे। जियालाल के दस्ते शफ़क़त और गहरी मोहब्बत के चलते ख़ज़ाने के बारे में कुछ मालुमात जयराम को भी थी। ग़दर में अंग्रेज़ों ने कैप्टन आर की हत्या के आरोप में राजा जियालाल को किसी तरह गिरफ़्तार कर लिया और मुकदमा चलाया। इस दौरान अंग्रेज़ों ने ख़ज़ाने के बारे में जानने के लिए जियालाल को बहुत प्रताड़ित किया और प्रलोभन भी दिया। उन पर बेगम और सेनानियों के बारे में कई दूसरी मालुमात हासिल करने के लिए भी दबाव बनाया। मगर जियालाल ने मुँह नहीं खोला। इस दौरान उन्हें पता चला कि जयराम जिसे वो बेटे की तरह मानते थे, दबाव और लालच में आकर ख़ज़ाने के बारे में कुछ जानकारियाँ अंग्रेज़ों को देने के लिए तैयार है। अब जियालाल के सामने धर्मसंकट था। एक तरफ़ उनका अज़ीज़ जयराम तो दूसरी तरफ़ बेगम के प्रति उनकी वफ़ा। आख़िर में जियालाल ने जो किया उसके चलते उनका नाम स्वतंत्रता आन्दोलन के इतिहास में अमर हो गया। उन्होंने अंग्रेज़ों के सामने शर्त रखी कि वो ख़ज़ाने का पता बताने के लिए तैयार हैं मगर इसके लिए पहले अंग्रेज़ों को उनके सामने जयराम का क़त्ल करना होगा क्योंकि वो उसकी नाफ़रमानियों से बहुत दुखी हैं। अंग्रेज़ों ने ऐसा ही किया और जियालाल ने अपने प्यारे को अपनी आँखों से क़त्ल होते देखा। जयराम के मरने के बाद जियालाल ने अंग्रेज़ों से कहा कि अब मेरे अलावा और कोई नहीं है जो ख़ज़ाने के बारे में कुछ जानता हो, और मैं मरते दम तक ये राज़ नहीं खोलूँगा। राजा जियालाल को अंग्रेज़ों ने फाँसी पर लटका दिया मगर उन्होंने अपना मुँह नहीं खोला। इस घटना के बाद बहुत दिनों तक राजा जियालाल अवधी लोकगीतों के नायक बने रहे।

नाकूस से ग़रज़ न मतलब अज़ां से है
मुझको अगर है इश्क़ तो हिन्दोस्ताँ से है

—मौलाना ज़फ़र अली ख़ान

क़िस्सा सब्ज़ी वालों का

क़िस्सा सलीम भाई सब्ज़ी वालों का। बिल्लौचपुरे में सलीम भाई की छोटी सी सब्ज़ी की दुकान है। सलीम भाई की शख़्सियत और उनकी गुफ़्तगू का जादू ये है कि पिछले कुछ सालों में जो लोग बिल्लौचपुरे और आसपास के इलाकों से हिजरत करके नए लखनऊ में बस चुके हैं वो भी हफ़्ते, पन्द्रह दिन या एक महीने में एक बार सलीम भाई की दुकान पर खिंचे चले आते हैं। इनमें हिन्दू-मुसलमान दोनों हैं। सब्ज़ी ख़रीदना तो बहाना है, मक़सद तो मिलना-जुलना और सलीम भाई की सोहबत से लुत्फ़ंदोज़ होना है। लखनऊ हमेशा से सुख़नसाज़ों यानी बात बनाने वालों का मक्का रहा है।

प्रोफ़ेसर नदीम हसनैन ने अपनी किताब 'द अदर लखनऊ' में सलीम भाई जैसे एक सुख़नसाज़ खीरे वाले का क़िस्सा सुनाया है। कुछ साल पहले की बात है। एक आदमी ठेले पर खीरे बेच रहा था। तब खीरे का मौसम बस शुरू ही हुआ था और इस आदमी के पास छोटे-छोटे, पतले-पतले खीरे थे, बिलकुल वैसे जैसे लखनऊ वालों को पसन्द होते हैं। नदीम साहब ने जब ये खीरे देखे तो खीरे वाले से उनका दाम पूछा। जवाब में खीरे वाले ने उन्हें सामान्य दाम से तिगुने-चौगुने दाम बताए। इन्होंने उससे मोल-भाव करते हुए कहा—ठीक लगा लो। इस पर खीरे वाले ने लखनवी लोच के साथ कहा—हुज़ूर अभी अल्हड़ बतिया है न, तभी नखरे (क़ीमत) ज़्यादा हैं। इस जवाब पर नदीम

साहब फ़िदा हो गए। आगे कुछ बोल ही नहीं पाए। इतने ख़ुश हुए कि जितने पैसे खीरे वाले ने माँगे थे उससे भी ज़्यादा देकर खीरे लिए।

सलीम भाई बातें तो अच्छी करते ही हैं, आदमी भी अच्छे हैं। 1992 में बाबरी मस्जिद गिरने के बाद जब कर्फ़्यू लगा और लोगों का घर से बाहर निकलना बन्द हो गया तो सलीम भाई ने अपने स्टॉक से हिन्दू-मुस्लिम का भेद-भाव किए बिना और रुपए-पैसे की चिन्ता किए बिना अपने सभी ग्राहकों के घर पर सब्ज़ियाँ भिजवाईं। इसके कुछ सालों बाद जब शहर ने बड़ा शिया-सुन्नी फ़साद देखा तब भी उन्होंने इसी तरह काम किया। हालिया नोटबन्दी में भी सलीम भाई से जो मदद उनके ग्राहकों को मिली उसकी उम्मीद बिग बाज़ार या किसी शॉपिंग मॉल से बिलकुल नहीं की जा सकती। ये सब बातें सलीम भाई ख़ुद कम ही बताते हैं, मगर उनकी दुकान पर आने वाले बहुत से ग्राहक इसके शाहिद हैं। दुकान पर आने वालों से बहुत सारी बातों के बीच एक बात सलीम भाई ज़ोर देकर कहते हैं। 'हमारे मुल्क में इतने अलग-अलग तरह के लोग इतनी बड़ी आबादी में रहते हैं कि मिल-जुलकर रहे बिना मुल्क और मआशरे की ख़ुशहाली मुमकिन ही नहीं है। बुज़ुर्गों ने इसीलिए मिली-जुली आबादी वाली बस्तियाँ बसाईं। रिहाइशों का मिला-जुला होना निहायत ज़रूरी है। ठोस आबादी में कट्टरपंथ जल्दी आता है।' 1980 की बात है। सलीम भाई किसी काम से मलीहाबाद जा रहे थे। रास्ते में एक जगह वो सड़क किनारे नमाज़ पढ़ने के लिए रुके। पास ही एक छोटा सा मन्दिर था। मन्दिर के बूढ़े पुजारी ने उन्हें देखा और जब उसे पता चला कि सलीम सड़क किनारे नमाज़ पढ़ने जा रहे हैं तो उनसे कहा कि सड़क के बजाय वो मन्दिर के आँगन में चल के नमाज़ पढ़ लें। इतना ही नहीं मन्दिर में पुजारी ने सलीम भाई की नमाज़ के लिए आसनी और पानी भी लाकर दिया। इस तरह एक हिन्दू पुजारी की मदद से सलीम भाई ने मन्दिर के आँगन में नमाज़ अदा की और अपने सफ़र पर आगे बढ़ गए। इस घटना को कई साल गुज़र गए पर ये घटना सलीम भाई के लिए आज तक एक प्रेरणा बनी हुई है।

लखनऊ की सैकड़ों साल पुरानी तहज़ीब अपने परस्तारों को हज़ारों साल तक प्रेरणा देती रहेगी।

क़िस्सा हिन्दू मौलवी का

ये वाक़या मशहूर फ़िल्मकार कमाल अमरोही साहब ने अपने एक इंटरव्यू में बयान किया था। कमाल साहब के बम्बई वाले घर के नीचे से रोज़ एक साहब गुज़रते थे। चेहरे पर नूरानी दाढ़ी, बदन पे लखनवी अचकन, सर पे दोपल्ली सजाए रहने वाले ये हज़रत कमाल साहब को देखते ही लखनवी तर्ज़ का आदाब बजा लाते थे। कमाल साहब को इनकी शख़्सियत बड़ी दिलआवेज़ लगती थी। फिर हुआ ये कि कमाल साहब के घर के किसी बच्चे को कुरआन पढ़ानी थी। लिहाज़ा एक अदद मौलवी की तलाश शुरू हुई जो बच्चे को कुरआन पढ़ा सके। मगर कोई ढंग का आदमी नहीं मिल रहा था। फिर एक दिन कमाल साहब को ये हज़रत मिले। कमाल साहब को ख़याल आया कि ये मुहज़्ज़ब शख़्स हैं, कुरआन पढ़ाने के लिए इनसे बात करके देखी जाए। सो आदाब के बाद कमाल साहब ने अर्ज़ किया कि घर के बच्चे को कुरआन पढ़ानी है। बहुत परेशान हूँ कोई मिल नहीं रहा। क्या आप बराय मेहरबानी घर आकर उसे पढ़ा सकते हैं? वो साहब ख़ुलूस के साथ राज़ी हो गए। कमाल साहब ने उनका शुक्रिया अदा किया और बोले—आप जो नज़राना चाहें मैं हाज़िर कर दूँगा। इस पर वो साहब बोले कि ये तो कार-ए-सबाब है, नज़राना कैसा। कमाल साहब उनकी ख़ुश-अख़लाक़ी से बेहद मुतासिर हुए। ग़रज़ के अगले ही दिन से वो रोज़ कमाल साहब के घर बच्चे को कुरआन पढ़ाने आने लगे। बेहद संजीदगी और गहराई से पढ़ाते थे वो। कमाल साहब

चूँकि ज़्यादातर वक़्त फ़िल्मों में ही मसरूफ़ रहते थे इसलिए उनसे इन साहब की मुलाक़ात कम ही हो पाती थी। आख़िरकार जब कुरआन पढ़ाना मुकम्मल हुआ तो कमाल साहब ने उनसे कहा कि आज बड़ा मौक़ा है इसलिए हम आपकी दावत करना चाहते हैं। आप बताइए कि आपको क्या पसन्द है, वही पकेगा। चिकन, मटन, बिरयानी...जो आप चाहें। इस पर वो साहब बोले कि मैं तो शाकाहारी हूँ...कमाल साहब को थोड़ी हैरत तो हुई मगर चूँकि खाना-पीना एक ज़ाती मामला है लिहाज़ा उन्होंने इस पर कोई टिप्पणी नहीं की और शाकाहार की तैयारी होने लगी। फिर कमाल साहब बोले कि मैं माफ़ी चाहता हूँ कि अपनी मसरूफ़ियत के चलते आपके साथ इत्मीनान से नहीं बैठ पाया, मगर आपका बहुत-बहुत शुक्रिया कि आपने इतनी ज़िम्मेदारी से बच्चे को कुरआन की तालीम दी। आप घर आते रहिएगा। किसी दिन मैं भी आपके साथ फ़ुर्सत से बैठकर कुछ सीखूँगा। इस पर उन साहब ने शुक्रिया अदा करते हुए फ़रमाया कि मैं ज़रूर आता मगर मैं कल लखनऊ वापस जा रहा हूँ। यहाँ अपने बेटे के पास आया था जो पास वाली बिल्डिंग में रहता है, मुझे पहले ही जाना था मगर चूँकि बच्चे को कुरआन पढ़ानी थी इसलिए मैं रुक गया।

कमाल साहब इस रवादारी पर निसार हो गए। उन्होंने पूछा कि आपके बेटे का क्या नाम है, जो हमारे पड़ोस में रहता है? जवाब में उन साहब ने कोई हिन्दू नाम बताया जिसे सुनते ही कमाल साहब के तोते उड़ गए। पल भर को उन्हें यक़ीन ही नहीं हुआ। जिसे आज तक वो मुसलमान समझते रहे, जो रोज़ आकर उनके घर के बच्चे को बाक़ायदा कुरआन पढ़ाता रहा वो शख़्स एक हिन्दू है। कमाल साहब ने जवाब में कहा कि मैं अमरोहा के उस ख़ानदान से ताल्लुक रखता हूँ जिसमें बड़े-बड़े आलिम हुए हैं, मगर मैं आपको नहीं पहचान पाया। यक़ीनन ऐसा हिन्दुस्तान में ही हो सकता है कि एक हिन्दू एक मुसलमान को पूरे वुसूक के साथ कुरआन पढ़ाए...मगर आपने मुझे बताया क्यों नहीं? इस पर वो साहब बोले कि आपने इतनी अपनाइयत से मुझसे बच्चे को पढ़ाने की इल्तिजा की, फिर मैं पढ़ा भी सकता था सो राज़ी हो गया। उस वक़्त मज़हब का ज़िक्र ग़ैर-ज़रूरी था...इस वाक़ए से कमाल साहब बहुत मुतासिर हुए। यहाँ तक कि उन्होंने 1977 में 'शंकर-हुसैन' नाम से एक फ़िल्म लिखी जिसका मुख्य क़िरदार डॉक्टर इन्हीं लखनवी सज्जन से प्रेरित था।

क़िस्सा दिलरुबा की दिलरुबाई का

क़िस्सा पुराना ज़रूर है पर बहुत मशहूर है। इसी शहर में कभी एक हकीम शम्सुद्दीन थे। ख़िदमत-ए-ख़ल्क के लिए जाने जाते थे। एक बार मेयर के चुनाव के लिए खड़े हो गए। सबको यक़ीन था कि जीत जाएँगे। मगर मामले में पेच तब आ गया जब उनके मुक़ाबले पर लखनऊ की नामी तवायफ़ दिलरुबा चुनाव में खड़ी हो गईं। उन दिनों लखनऊ में दिलरुबा का दौर-दौरा था। वो सिर्फ़ नाम की ही दिलरुबा नहीं थी बल्कि अपनी अदाओं से सचमुच दिल चुराना जानती थीं। इधर हकीम शम्सुद्दीन का चुनाव प्रचार शुरू हुआ उधर दिलरुबा भी चुनाव की तैयारियों में लग गईं। हकीम साहब मक़बूल आदमी थे इसलिए शुरू-शुरू में उनके जलसों में बहुत भीड़ आई, मगर बाद में दिलरुबा की दिलरुबा अदाओं ने हकीम साहब की मक़बूलियत का तिलिस्म तोड़ दिया। उनके प्रचार में मौसिक़ी और शाइरी का ऐसा संगम हुआ कि दिलरुबा की तरफ़ भीड़ बढ़ने लगी। अब तक अपनी जीत को लेकर आश्वस्त दिख रहे हकीम साहब पहली बार थोड़े परेशान हुए। मगर वो भी कोई कच्चे खिलाड़ी नहीं थे। अब उन्होंने प्रचार में पहले से भी ज़्यादा संजीदगी इख़्तियार कर ली। लोगों से मिलते वक़्त वो विशुद्ध राजनैतिक सवालों को उठाते थे।

इस मैदान में दिलरुबा अपनी तमाम कोशिशों के बावजूद हकीम साहब से पीछे ही रहीं। अब हकीम साहब ने एक दमदार नारा भी दिया कि दिल दो दिलरुबा

को वोट शम्सुद्दीन को। अहले लखनऊ को इस नारे की गहराई समझ में आ गई। वोट पड़े और हकीम शम्सुद्दीन जीत गए। जब हकीम साहब की जीत का एलान हुआ तो दिलरुबा ने अपनी दरियादिली का सबूत देते हुए ख़ुद आकर हकीम साहब को जीत की मुबारकबाद दी मगर इसके साथ ही एक शोख़ फ़िक़रा भी कसा जो अपने पोशीदा मआनी के लिए आज भी याद किया जाता है। दिलरुबा हकीम साहब से बोलीं—बहुत-बहुत मुबारक हो हकीम साहब। आप हो लिए, हम रह गए। हकीम साहब दिलरुबा की चुहल समझ गए और मुस्कुराकर रह गए। बाद में जब हकीम साहब ने अपनी जीत की दावत की तो उसमें दिलरुबा को भी पूरे एहतराम के साथ बुलाया। दिलरुबा पूरे खुलूस के साथ आईं भी। यहाँ भी उन्होंने एक ऐसा जुमला कहा कि पूरी महफ़िल उनकी सुख़नसाज़ी की क़ायल हो गई। दावत में हकीम शम्सुद्दीन की जीत पर अपनी तकरीर में दिलरुबा ने फ़रमाया—हकीम साहब आपको एक बार फिर मुबारकबाद। मुझे अपने हारने का ग़म नहीं है क्योंकि यक़ीनन आप इस जीत के मुस्तहक़ थे मगर आपकी जीत से एक बात तो तय हो गई कि लखनऊ में मरीज़ बहुत ज़्यादा हैं और आशिक़ बहुत कम...

क़िस्सा तहज़ीब सीखने का

गुलशेर अहमद लखनऊ के नामी रईस थे। सारा लखनऊ उनकी इज़्ज़त करता था। मगर बेचारे अपनी औलाद से मजबूर थे। लखनवी रईसों के तहज़ीबी रख-रखाव पर उन्हें नाज़ था, अपने 'ख़ानदानी' होने पर वो इतराते थे, मगर उनके इकलौता बेटा 'ख़ानदानीपन' की इस अना को मिट्टी में मिला देता था। तमीज़ की परछाईं तक उस पर नहीं पड़ी थी। वो बचपन से ही मग़रूर-ओ-बदमिज़ाज था। अब गुलशेर साहब नौजवानी में उसे तहज़ीब सिखाना चाहते थे। बहुत कोशिश की मगर नतीजा सिफ़र। दरअसल तहज़ीब तो इन्केसार यानी विनम्रता की कोख से उपजती है, ग़ुरूर के साथ तो फ़क़त सामन्ती लटके-झटके सीखे जा सकते हैं, सो उनका बेटा वो भी न सीख सका।

लखनऊ में एक जुमला उन दिनों भी मशहूर था और आज तो उन दिनों से भी ज़्यादा मशहूर है कि अमीर लोग अपने बच्चों को तवायफ़ से तमीज़ सीखने के लिए भेजा करते थे। ये सच है कि लखनऊ की तवायफ़ें बेहद तमीज़दार होती थीं। मगर तब के लखनऊ को एक अदद मण्टो की ज़रूरत थी जो ये बताता कि तवायफ़ों से तमीज़ सीखने का ये जुमला अपने अन्दर कितनी बदतमीजियाँ छिपाए है। इसकी आड़ लेकर अमीरज़ादों ने हाशिए की औरतों पर क्या-क्या सितम ढाए हैं, इसकी गिरह खुलना अभी बाक़ी है। बहरहाल इससे अलग गुलशेर साहब सच में अपने बेटे को तमीज़ सिखाना चाहते थे। मगर वो जानते थे कि अगर उनका बेटा कोठे पर गया तो तमीज़ तो क्या सीखेगा उलटा उनकी बेइज़्ज़ती करवा

के ही लौटेगा। क्योंकि लखनऊ की तवायफ़ें बदतमीज़ों से निपटना बख़ूबी जानती थीं। सो गुलशेर साहब ने सोचा कि बेटा तहज़ीब का सबक़ उनकी आँखों के सामने सीखे यही बेहतर है। उन्होंने लखनऊ की तीन नामी-गिरामी तवायफ़ों अनवरी, माहरू और हस्सो को अपनी हवेली पर बुलवाया और कहा कि मेरे बेटे को बोलने-बैठने की तमीज़ सिखा दीजिए। तीनों ने उनसे कहा कि तमीज़ यकलख़्त नहीं आ सकती। गुलशेर साहब ने कहा आप आज की महफ़िल से इब्तेदा कीजिए। आपको देख-सुन के कुछ भी सीख जाए ग़नीमत है। अब उन तीनों ने गाना शुरू किया। एक से एक अच्छे शेर सुनाए। ज़बानो-बयान के बहाने से तहज़ीब का पूरा निसाब गुलशेर साहब के बेटे पर अयाँ कर दिया। मगर वो मुतासिर न हुआ तो न हुआ। जब सुबह होने लगी और महफ़िल इख़्तेताम पर पहुँची तो गुलशेर साहब ने सोचा कि देखें साहबज़ादे ने महफ़िल से क्या सीखा। उन्होंने अनवरी से पूछा—अनवरी वक़्त क्या हुआ? अनवरी ने फ़रमाया—हुज़ूर रात की कश्ती किनारे आ लगी। गुलशेर साहब ने मुस्कुराकर पूछा—तुमने ये किस तरह जाना। अनवरी ने जवाब दिया—हुज़ूर नथ के मोती ठंडे पड़ गए। गुलशेर साहब जवाब पर फ़िदा हो गए। अब उन्होंने माहरू से पूछा—रात कहाँ तक आ गई? वो बोलीं—सरकार सितारों का कारवाँ अपनी मंज़िल के क़रीब आ पहुँचा। गुलशेर साहब ने पूछा—तुम्हें कैसे पता? माहरू ने शरमाते हुए कहा—हुज़ूर मुँह का पान मीठा लगने लगा है। गुलशेर साहब ख़ुश हुए। अब उन्होंने हस्सो से पूछा। —रात का आलम क्या है? हस्सो ने शाइस्तगी से जवाब दिया—हुज़ूर धीरे-धीरे उसका दम टूट रहा है। गुलशेर साहब ने फिर पूछा—कैसे पता? हस्सो ने कहा—सरकार चराग़ की लौ थरथरा रही है। गुलशेर साहब इस अन्दाज़े-बयाँ पर निसार हो गए। अब वो अपने साहबज़ादे की तरफ़ मुतवज्जिह हुए जो इस गुफ़्तगू से बेनियाज़ एक तरफ़ पड़े थे। गुलशेर साहब ने पूछा—साहबज़ादे आपने इन तीनों को सुना, अब आप हमें बताइए रात किस हाल में है? साहबज़ादे ने बिगड़ते हुए जवाब दिया—एक ही सवाल को बार-बार क्या पूछना। सब जानते हैं कि सुबह होने वाली है। गुलशेर खाँ को इस जवाब का बुरा तो लगा मगर वो धीरज रखते हुए बोले—सब जानते तो हैं, मगर कैसे जानते हैं? वो बोला—पेट गुड़गुड़ाने लगा है, हाजत महसूस हो रही है। जाने का वक़्त हो गया। जवाब सुनकर गुलशेर साहब ने सर पीट लिया। तवायफ़ें हँस पड़ीं। कहा—इनसे बेहतर तो यासीनगंज के जोगड़े। इनसे न हो पाएगा...

दावा सुख़न का लखनऊ वालों के सामने...

दावा सुख़न का लखनऊ वालों के सामने
इज़हारे बू-ए-मुश्क ग़ज़ालों के सामने
—अमीर मीनाई

यानी लखनऊ वालों के सामने साहित्य की बात करना, गुफ़्तगू की बात करना, ज़बान की बात करना, बयान की बात करना, सुख़न की बात करना...ये वैसा ही है जैसा कि आप कस्तूरी मृग के सामने ख़ुशबू की बात करें। तो आज बात लखनउवा अन्दाज़-ए-गुफ़्तगू पर।

उर्दू के क्लासिक नॉवेल उमराव जान अदा में जब उमराव जान कानपुर चली जाती हैं और वहाँ कानपुर की एक बड़ी बी उनसे मिलने आती हैं और उनसे कहती हैं कि इस मुजरे में आपको तशरीफ़ लानी पड़ेगी। तो उमराव जान उनसे कहती हैं कि आप भी तो लखनऊ से हैं। इस पर वो बड़ी बी पूछती हैं—जी, मगर आपने कैसे जाना? उमराव जान फ़रमाती हैं—बातचीत का करीना कहीं छिपा रहता है? तो ये है लखनऊ की ज़बान कि आप पूरी दुनिया में कहीं जाएँ, आप अपनी बातचीत, अपने अन्दाज़-ए-गुफ़्तगू से पहचान लिए जाते हैं।

कई लोग पूछते हैं कि ये लखनवी अन्दाज़-ए-गुफ़्तगू आख़िर है क्या बला? क्यों इसकी इतनी चर्चा है? सही बात है—'सारे जहाँ में धूम हमारी ज़बाँ की

है'। मिसरा देहली के शाइर दाग़ का है मगर लखनऊ पर सादिक़ आता है। आज के कॉलम की शुरुआत मैंने दाग़ के मशहूर प्रतिद्वंद्वी अमीर मीनाई के शेर से की है, जो लखनऊ के नुमाइंदा शाइरों में से एक हैं। उर्दू के तमाम बड़े शाइरों ने ख़्वाह वो लखनऊ के हों या किसी दूसरी जगह के, लखनवी ज़बान की तौसीफ़ की है, तारीफ़ की है। अब सवाल है कि क्यों मशहूर है लखनऊ की ज़बान दुनिया भर में? इसी सवाल का जवाब ढूँढ़ने के लिए देहली से एक साहब चले...के लखनऊ वालों की ज़बान, उनका अन्दाज़-ए-बयान, उनकी गुफ़्तगू, बात करने का सलीक़ा बहुत मशहूर है। चलें देखें लखनऊ में कि है क्या वाकई? तो वो आए लखनऊ, और चारबाग़ स्टेशन से सीधे अमीनाबाद पार्क पहुँचे। पहले गुलफ़रोश यानी फूल बेचने वालियाँ वहाँ बैठा करती थीं। तो ये साहब एक औरत के सामने गए जो सब्ज़ लिबास में मलबूस थी, ख़ूबसूरत थी, फूलों की टोकरी उसके सामने रखी हुई थी ये साहब उसे घूर-घूरकर देखने लगे। ज़ाहिर है कि ये घूर-घूरकर देखने का अन्दाज़ लखनऊ में मायूब समझा जाता था, बुरा समझा जाता था। सो गुलफ़रोश ने उन्हें बड़ी तीखी निगाहों से देखा। और पूछा—क्या बात है? क्यों देख रहे हो? इस पर वो बोले—कुछ नहीं। सब्ज़ साड़ी में तेरा तन देखा। इस पर फूल वाली ने ज़रा तेवर कड़े किए और सख़्त लहज़े में पूछा? कहाँ के रहने वाले हो? तो उन्होंने अपनी पहचान छुपाई और कहा कि हम लखनऊ के रहने वाले हैं। वो बोली—नहीं, लखनऊ के तो नहीं हो। ये बोले—नहीं, हम लखनऊ के रहने वाले हैं। उसने फिर कहा—नहीं, लखनऊ के नहीं हो। लखनऊ के होते तो इस तरह न कहते। तो उन साहब ने फूल वाली से पूछा कि अगर लखनऊ के होते तो किस तरह कहते? इस पर उस फूल वाली ने कहा कि अगर लखनऊ के होते तो कहते—सब्ज़ फ़ानूस में इक शमअ को रौशन देखा!

ये है लखनऊ!!!

अपने हिस्से की कोई शमअ जलाते जाते

अवध के दिल लखनऊ में ही अवधी भाषा-साहित्य को उसका जायज़ हक़ नहीं मिलता, हक़ और एजाज़ तो छोड़िए, बारहा लखनऊ के 'नौज़ाइदा नवाब' उसे हिकारत की नज़र से देखते हैं। ये क़िस्सा लखनउवों के लखनउवा अमृतलाल नागर सुनाया करते थे, अवधी एवं दूसरी लोकभाषाओं की महिमा का बखान करने के लिए और लोकभाषाओं को तुच्छ समझने वाले 'नवाबों' को समझाने के लिए।

आज से कई हज़ार साल पहले की बात है। किसी राज्य में संस्कृत की बड़ी धूम थी। वहाँ ज़हीन और पढ़ा-लिखा सिर्फ़ उसी को समझा जाता था जो संस्कृत साहित्य का रसिक और जानकार था। संस्कृत न बोलने-जानने वाले देहाती और तुच्छ समझे जाते थे। राज-दरबार में संस्कृत किसी राजकुमारी और दूसरी भाषाएँ उसकी लौंडी की तरह बरामद होती थीं। एक दिन उसी राज्य के राज-दरबार में साहित्य-सभा लगी थी। इतने में अति साधारण वेश-भूषा में एक आम आदमी हाज़िर हुआ। उसके पास उसकी पोथियाँ थीं। राज-दरबार के सभी महान कवि उसकी वेश-भूषा देखकर हँस पड़े, इस गँवार का रसिकों की सभा में क्या काम? राजा ने उसे देखकर व्यंग्य भरे लहज़े में पूछा—कहिए साहित्यकार महोदय, क्या सुनाएँगे? इस पर उस आदमी ने जवाब दिया—मैंने अपनी मातृभाषा जो इस राज्य की लोकभाषा है, उसमें कुछ क़िस्से लिखे हैं, आपको सुनाना चाहता हूँ। इस पर राजा ने ज़ोरदार ठहाका लगाया और फिर

हँसते-हँसते बोला—हे कथाकार महोदय, ये राजदरबार की साहित्य सभा है, यहाँ देववाणी-वेदवाणी संस्कृत का पावन मन्दिर है। इसमें तुच्छ-अपरिष्कृत भाषाओं का प्रवेश करवाकर इसे दूषित मत करो। अपना पोथी-पतरा लेकर कहीं चौक-चौराहे पर जाओ। पूरे दरबार ने इस पर एक साथ अट्टहास किया और वो क़िस्सागो ज़हर का घूँट पीकर वहाँ से चला आया। कई दिन गुज़र गए। इस बीच पता नहीं क्यों राजा के भोजन का स्वाद कम होने लगा। राजा मांसाहार का शौक़ीन था परन्तु पिछले कुछ दिनों से उसे जो भोजन पेश किया जाता था उसमें पहले जैसी लज़्ज़त नहीं थी। आख़िरकार एक दिन राजा ने ग़ुस्सा होकर अपने बावर्ची को बुलवाया और वजह पूछी। बावर्ची ने दस्तबस्ता अर्ज़ किया—महाराज इसमें मेरा कोई दोष नहीं, इसके ज़िम्मेदार शाही शिकारी हैं जो पिछले कुछ दिन से पता नहीं कैसे दुर्बल और बीमार लगने वाले पशु-पक्षियों को मारकर लाते हैं, पहले जैसे स्वस्थ चरिंद-परिंद अब मिलते ही नहीं तो पहले जैसी लज़्ज़त कैसे मिले? अब शिकारियों को बुलवाया गया। शिकारियों ने राजा को जानवरों की कमज़ोरी का एक अजीबोग़रीब कारण बताया। कहा कि समूचे जंगल से पशु-पक्षी नदारद हैं। वे सभी एक साथ एक टीले पर जा बैठे हैं। वहाँ बीचोबीच एक अग्निकुंड धधक रहा है। उसके सामने एक आदमी बैठा है जो बड़ी रसीली भाषा में बड़ी सुन्दर कथाएँ बड़े दिलरुबा अन्दाज़ में सुना रहा है। सब पशु-पक्षी उसकी कथा सुनने के लिए जंगल से निकलकर उस टीले पर बैठे हैं। वो उसकी कथाओं में इस क़दर खो गए हैं कि उन्हें अपने खाने-पीने तक का होश नहीं। यही वजह है कि वे सब कमज़ोर हैं। वो विलक्षण कथावाचक अपनी अनमोल कथाओं की पोथी का हर पन्ना सुनाने के बाद अग्निकुंड को अर्पित करता जा रहा है। यह सुनकर राजा भागा-भागा जंगल वाले टीले पर पहुँचा और उसने इस अविश्वसनीय को अपनी आँखों से देखा। ये तो वही कथावाचक था जिसे उसने तिरस्कृत करके दरबार से निकाल दिया था। राजा की आँखों से आँसुओं की धार बह चली। वो ख़ुद उस कथावाचक की कहानी में डूब गया। पर जब कथावाचक ने कहानी का पन्ना ख़त्म करके अग्नि को समर्पित करने के लिए उठाया, तो राजा ने उसका हाथ पकड़ लिया और रोते हुए उससे माफ़ी माँगी। उससे हाथ जोड़कर निवेदन किया कि वह अपनी अमूल्य रचनाओं को यूँ आग में न जलाए। कथावाचक ने राजा को माफ़ किया, और अपनी पोथियाँ उसे सौंपकर गाँव लौट गया।

मुद्दतों रोया करेंगे, जाम-ओ-पैमाना मुझे

प्रोफ़ेसर नैयर मसूद सिर्फ़ लखनऊ या हिन्दुस्तान नहीं, बल्कि पूरी उर्दू दुनिया के सबसे बड़े आदमी थे। लखनऊ उन पर इतराता था। भले ही पिछले तक़रीबन दस साल से बीमारी की वजह से उनका लिखना-पढ़ना एकदम छूट चुका था, मगर उनकी मौजूदगी अपने आपमें एक आश्वस्ति, एक प्रेरणा थी। उनकी शख़्सियत की बेशुमार जेहतें थीं और हर जेहत में बेशुमार आसमान रहते थे। तर्जुमे की जानिब गए तो काफ़्का को इस तरह उर्दू में ले आए कि जैसे वो उर्दू ही के मुसन्निफ़ हों। अफ़साने लिखे तो अपनी पीढ़ी के सबसे बड़े अफ़सानानिगार साबित हुए। मीर अनीस पर लिखा तो अनीस-शनासी का एक नया बाब खोल दिया। लखनऊ के तहज़ीब-ओ-तमद्दुन पर उनका कहा हुआ हर्फ़-ए-आख़िर था। मुताले का ये आलम था कि बक़ौल प्रोफ़ेसर अनीस अश्फ़ाक़ वो 'उर्दू वालों में सबसे ज़्यादा पढ़े-लिखे आदमी' थे। ये सब तो था ही, ये भी था कि क्रिकेट से रिकॉर्ड्स से लेकर हॉलीवुड की फ़िल्मों तक की सारी जानकारी उनकी नोक-ए-ज़बान पर रहती थी। एक-एक रिकॉर्ड, एक-एक फ़िल्म। उनके पढ़ने का अन्दाज़ भी अलहदा था। एक तरफ़ शेक्सपियर और इलियट में डूबे रहते थे तो दूसरी तरफ़ जेम्स हेडली चेज़ और अगाथा क्रिस्टी के भी संजीदाकारी थे। ग़रज़ ये कि नैयर साहब अपनी तरह की वाहिद शख़्सियत थे। बड़े अदीब तो वो थे ही, इनसान के तौर पर भी कितने बड़े थे, इसकी एक तस्वीर आपकी ख़िदमत में हाज़िर है—

एक दफ़ा नैयर साहब प्रोफ़ेसर अनीस अश्फ़ाक़ के साथ किसी सेमिनार में अलीगढ़ गए। अनीस अश्फ़ाक जो ख़ुद भी ख़ालिस लखनवी, और उर्दू के जाने-माने अदीब हैं, एक शागिर्द की तरह नैयर साहब के बहुत क़रीब रहे हैं। सेमिनार ख़त्म हुई तो किसी वजह से नैयर साहब और अनीस साहब का वापसी का टिकट नहीं हो पाया था। स्टेशन पर रिज़र्वेशन की कोशिश की गई मगर कोई नतीजा नहीं निकला। स्टेशन पर इतनी भीड़ थी कि टिकट मिलने से पहले ही गाड़ी स्टेशन पर आ गई। अब जो लोग इन्हें रुख़सत करने आए थे उन्होंने बिना टिकट ही इन्हें जल्दी-जल्दी गाड़ी पर बिठाया और गाड़ी अलीगढ़ से चल दी। अब ये दोनों परेशान कि टिकट तो है नहीं। अनीस साहब ने किसी स्टेशन पर गार्ड से जाकर पूरा मामला बताया तो उसने कहा कि आप लोग तशरीफ़ रखें मैं टी.टी. को भेजकर टिकट बनवाता हूँ।

काफ़ी देर हो गई मगर टीटी नहीं आया। इस बीच नैयर साहब ने कई बार अनीस साहब से अपनी परेशानी का इज़हार किया, टी.टी. के आने का इन्तज़ार करते रहे। कई बार बोले—बिना टिकट गाड़ी में होना ठीक नहीं है। मगर टी.टी. नहीं आया, यहाँ तक कि गाड़ी लखनऊ पहुँच गई। ये दोनों स्टेशन पर उतर गए। ये बड़े आराम से स्टेशन से बाहर निकल सकते थे, क्योंकि टी.टी. का अता-पता नहीं था। उस ज़माने में वैसे भी स्टेशन पर टिकट चेक करने वालों की ऐसी फ़ौज नहीं होती थी। मगर नैयर साहब ने अनीस अश्फ़ाक़ से कहा कि चलो पहले टी.टी. से टिकट बनवा लें, टी.टी. आया हो या न आया हो, सफ़र तो किया ही है। अब ये दोनों टी.टी. को ढूँढ़ते हुए उसके दफ़्तर के पास पहुँचे। नैयर साहब ने उसे पूरा मामला बताते हुए टिकट बनाने को कहा। टी.टी. ने उनको हैरत के साथ देखा। उसने इतनी शुस्ता ज़बान बोलने वाला और इतना ईमानदार बेटिकट मुसाफ़िर पहली बार देखा होगा। बहरहाल टी.टी. तो टी.टी. था। उसने सारे नियम-कानून समझाए और कहा कि जहाँ से ये गाड़ी चलती है वहाँ से लखनऊ तक का पूरा टिकट जुर्माने के साथ बनेगा। नैयर साहब ने बग़ैर किसी हिचकिचाहट के फ़ौरन कहा कि बना दीजिए। टी.टी. ने फ़रमाया कि अब लखनऊ तक आ ही गए हैं तो क्यों इतना खर्चा करेंगे, कुछ ले-दे के मामला ख़त्म कीजिए और बाहर निकलिए। मगर नैयर साहब को ये 'लेन-देन' मंजूर नहीं था, न ही उन्हें बिना टिकट बनवाए चोरों की तरह स्टेशन से निकलना गवारा था। आख़िरकार वो बज़ाब्ता अपना और अनीस अश्फ़ाक़ साहब का

टिकट बनवाकर ही माने। वो भी पूरे जुर्माने के साथ। इसमें उनको और अनीस साहब को जो पैसे सेमिनार में मिले थे वो भी लग गए और अपने पास से भी कुछ पैसा लग गया। पर टिकट बनवाया गया, क्योंकि सफ़र जो किया था।

जानकर मिन्जुमला-ए-ख़ासान-ए-मयख़ाना मुझे
मुद्दतों रोया करेंगे, जाम-ओ-पैमाना मुझे!

—जिगर मुरादाबादी

आभार

ये ख़ाकसार की पहली किताब है। ये किताब अगर आ रही है तो इसमें मुझसे ज़्यादा कुछ ख़ास लोगों का योगदान है। उनको सबको याद करना और उनका शुक्रिया अदा करना मेरा फ़र्ज़ है, ख़्वाह फेहरिस्त कुछ तवील क्यों न हो जाए। जब मौक़ा हो कुछ बातें कह देनी चाहिए। सबसे पहले अंकित चड्ढा का शुक्रिया। ये किताब और इसका एक-एक हर्फ़ अंकित चड्ढा को समर्पित है। इस किताब को लेकर दुनिया में कोई शख़्स अगर सबसे ज़्यादा उत्साहित रहता था तो वो अंकित थे। इस किताब को लेकर हम दोनों ने बेशुमार ख़्वाब साथ में देखे थे। उन्होंने बहुत ख़ुशी से मुझसे कहा था कि वो इसे अंग्रेज़ी में ट्रांसलेट करेंगे और जिस दिन इसका विमोचन होगा वो इसमें से अपनी पसन्द के दस क़िस्से अपने अन्दाज़ में सुनाएँगे। उनकी ग़ैर-मौजूदगी में इस किताब का छपना या विमोचित होना कैसा है ये मैं सिर्फ़ महसूस कर सकता हूँ। बयान नहीं कर सकता।

अभिषेक शुक्ला इस किताब के और मेरे इतने क़रीब हैं कि उनका औपचारिक शुक्रिया करते हुए अजीब लग रहा है। ये सिर्फ़ मेरी नहीं उनकी भी किताब है। उन्होंने इस किताब की तैयारी में बहुत मेहनत की है। इस किताब पर मेरा भरोसा बहुत कमज़ोर था। मगर अभिषेक ने कह दिया कि भाई बेफिक्र रहिए, तो मैं बेफ़िक्र हो गया। क्योंकि मुझे उनके भरोसे पर भरोसा है। भरोसे से एक बात

और याद आई कि दो लोग ऐसे हैं जिन्हें मेरी सलाहियत पर हमेशा यक़ीन-ए-कामिल रहा। कभी रत्ती भर शक़ नहीं हुआ। आशीष नवल और रोहिणी दीदी। इन दोनों का बार-बार शुक्रिया। मैं जैसा हूँ ऐसा बनाने में कुछ बेहद क़रीबी लोगों का हाथ है—प्रियांशी, प्रमेश, मस्तो, सौरभ, आदित्य, युसरा, प्रियंका दुबे, जूली, अर्पिता। ये ज़िन्दगी का अभिन्न हिस्सा हैं और हमेशा रहेंगे। इनका भी शुक्रिया। अवधी के मुजाहिद अमरेन्द्र नाथ त्रिपाठी का बेहद ख़ास शुक्रिया। काश, मैं लखनऊ पर उस दीवानगी से काम कर पाता जैसा वो अवधी पर कर रहे हैं। इस किताब के पीछे बहुत बड़ी प्रेरणा लखनऊ को लेकर उनसे हुआ लम्बा विचार विमर्श है। अगर वो न होते तो शायद हम भी वैसे ही क़िस्से सुना रहे होते जैसे क़िस्से अब हम नहीं सुनाना चाहते। अज़ीज़म वरुण ग्रोवर का दिल से शुक्रिया। वो इन क़िस्सों के सबसे बड़े प्रचारक हैं। उन्होंने इस किताब के बेशतर क़िस्से पढ़े हैं, हर क़िस्सा पढ़ने के फ़ौरन बाद मुझसे पूछा है—ब्लॉग कब बना रहे हो और मैंने हर बार उनसे अपने अन्दाज़ में यही कहा कि ब्लॉग क्या, आप किताब में पढ़िएगा। सो उनके भरोसे और इन्तज़ार का शुक्रिया अदा करते हुए ये किताब उनकी ख़िदमत में हाज़िर है। लखनऊ पर मेरा लिखा कुछ क़रीबी लोगों ने हमेशा पसन्द किया है, वो बहुत दिन से इस किताब के इन्तज़ार में थे। शादाब रज़ा, विनीत कुमार, यतीन्द्र मिश्र, गौरव सोलंकी, नेहा दीक्षित, बृजेश पाण्डेय, बृजेश सिंह, मीनाक्षी तिवारी, अटल तिवारी, सौरभ बाजपेयी, यूनुस ख़ान, नीलेश मिसरा, रवि भट्ट, कृपाशंकर चौबे, जयंत कृष्णा, ऐश्वर्या गुप्ता, आशीष मिश्र, महबूब ख़ान, भारतभूषण पंत, मनीष शुक्ला, रश्मि शुक्ला बाजपेयी, हैदर अब्बास, मोहसिन भाई, आलोक जोशी, ईनाम आबिदी, जामी मिर्ज़ा, हफ़ीज़ किदवई, हुसैन अफ़सर साहब। सभी का शुक्रिया।

नवभारत टाइम्स लखनऊ ने सबसे पहले इन क़िस्सों का एहतराम किया। इन्हें खुले दिल से जगह दी। इसके लिए अख़बार के सम्पादक सुधीर मिश्र जी और सहायक समाचार सम्पादक अमित जायसवाल जी का विशेष आभार। इन्हीं दोनों की बदौलत ये क़िस्से जिनके हैं उन तक पहुँचे। यूनिवर्सल बुक सेंटर के सुरेश पाल साहब का भी शुक्रिया। इस तरह के किताब बेचने वाले लखनऊ ही नहीं पूरे हिन्दुस्तान में नायाब हैं। लखनऊ के उन सभी बड़ों का शुक्रिया जिनसे इस शहर को सीखा, समझा जाना। उर्दू अदब में लखनऊ की पहचान अनीस अश़फ़ाक़ साहब, आदरणीय शारिब रुदौलवी साहब, नदीम हसनैन

साहब, अखिलेश दीक्षित जी, रौशन तक़ी साहब, कथाकार अखिलेश जी, वीरेन्द्र यादव जी, शकील सिद्दीकी साहब, विलायत जाफ़री जी, विजय बनर्जी साहब, हसन राशिद साहब। सभी का शुक्रिया। लखनवी ज़हानत की आबरू डॉ. निर्मल दर्शन उर्फ़ निर्मल दद्दा का बार-बार शुक्रिया। ये बात मुझे ख़ुशी और सुकून से भर देती है कि निर्मल दद्दा को ये क़िस्से बेहद पसन्द हैं। दास्तानगोई के मेरे उस्ताद महमूद फ़ारूक़ी साहब का भी शुक्रिया। इस फ़न का उनसे बड़ा महारथी कोई नहीं। ख़्वाब तन्हा कलेक्टिव के शिराज़ हुसैन का भी ख़ास शुक्रिया जिन्होंने बड़ी लगन के साथ किताब का इतना ख़ूबसूरत कवर बनाया। हमारे ख़यालों से भी ज़्यादा सुन्दर। ये कवर अपने आपमें एक क़िस्सा है। उर्दू को जिन पर नाज़ है उन मुज्तबा हुसैन साहब का भी बहुत शुक्रिया। मेरी ख़ुशक़िस्मती है कि वो मुझे बहुत प्यार करते हैं।

अमृतलाल नागर जी की स्मृति को नमन और योगेश प्रवीन को प्रणाम के साथ विशेष धन्यवाद। लखनऊ पर लिखना बेहद ख़ूबसूरत काम है, और मुझे भी ऐसा करना चाहिए, ये भरोसा सबसे पहले इन्हीं दोनों को पढ़कर पैदा हुआ और पुख़्ता हुआ। पत्रकारिता के मेरे गुरु अम्बरीश कुमार जी का भी विशेष आभार। उन्होंने हमेशा मेरी हिम्मत बढ़ाई है। सत्यानन्द निरुपम का शुक्रिया जिन्होंने हिन्दी प्रकाशन जगत के बारे में मेरी बहुत सारी ग़लतफहमियों को दूर कर दिया। जिन्होंने सबसे पहले मुझमें ये भरोसा पैदा किया कि मेरा लिखा किसी बड़े प्रकाशक को पसन्द आ सकता है और किताब की तरह छप सकता है और इसके लिए प्रकाशक से ज़ाती जान-पहचान बिलकुल ज़रूरी नहीं।

घरवालों का शुक्रिया अदा करूँ, इतना नाशुक्रा नहीं मैं।

और अन्त में उन सभी लोगों का शुक्रिया जो इस किताब की यात्रा में किसी भी रूप में शामिल रहे मगर जिनका नाम मुझसे चाहे-अनचाहे छूट रहा है। अक्सर यूँ होता है कि जो नाम छूट जाते हैं या जानबूझकर छोड़ दिए जाते हैं वही सबसे ख़ास होते हैं।

सन्दर्भ ग्रंथ

गुज़िश्ता लखनऊ — अब्दुल हलीम 'शरर'
क़दीम लखनऊ की आख़िरी बहार — मिर्ज़ा जाफ़र हुसैन
द तबला ऑफ लखनऊ — जेम्स किपेन
नया दौर — अवध अंक
यादों की बारात — जोश मलीहाबादी
पढ़ीस ग्रंथावली — रामविलास शर्मा एवं युक्तिभद्र दीक्षित
लखनऊ के नक्काल व भांड — रौशन तक़ी
द अवध नाइट्स — ए.पी. भटनागर
महफ़िल — गजेन्द्र नारायण सिंह
अवध अख़बार — 1928–29
हँसें तो फूल झड़ें — अयोध्या प्रसाद गोयलीय
फ़िल्मक्षेत्रे–रंगक्षेत्रे — अमृतलाल नागर
माधुरी (पढ़ीस विशेषांक) — नवल किशोर प्रेस
डूबता अवध — योगेश प्रवीन
दूसरा लखनऊ — नदीम हसनैन